LOGIQUE ÉLÉMENTAIRE

BIBLIOTHÈQUE DES TEXTES PHILOSOPHIQUES

Fondateur H. GOUHIER   Directeur J.-F. COURTINE

W. V. QUINE

LOGIQUE ÉLÉMENTAIRE

Introduction, traduction et notes
par
Jean LARGEAULT
et
Bertrand SAINT-SERNIN

Deuxième édition corrigée

PARIS
LIBRAIRIE PHILOSOPHIQUE J. VRIN
6, Place de la Sorbonne, V e
2006

W. V. Quine, *Elementary Logic*
© 1941, 1965, 1980 by Willard Van Orman Quine
Published by arrangement with Harvard University Press

Armand Colin, 1972, pour la première édition

© Librairie Philosophique J. VRIN, 2006,
pour la présente édition

ISBN 2-7116-1727-0
ISSN 0249-7980

www.vrin.fr

NOTE LIMINAIRE

Logique élémentaire est à la fois une introduction à la logique et une introduction à la pensée de Quine. Le but de l'auteur en écrivant ce manuel a été de condenser sous un format réduit le sujet de la logique traditionnelle en le traitant par les moyens que la logique contemporaine a mis à notre disposition. Mais celle-là opérait quasi exclusivement avec des mots ou avec des phrases en mots, tandis que celle-ci est essentiellement symbolique. C'est ce qui a pu dissimuler pendant un temps que l'une et l'autre étudient la relation de conséquence valide (la logique contemporaine y a joint l'analyse de cette relation en termes de règles formelles).

En logique d'aujourd'hui et plus précisément en séman-tique, on dit que les symboles désignent des entités : aux variables de proposition sont *attribuées* des propositions abstraites ou des valeurs de vérité, aux variables d'individu des objets, aux prédicats des ensembles d'objets, aux connexions propositionnelles des fonctions de vérité, etc. Quine évite à dessein de tenir ce langage.

En logique des propositions il traite les '*p*', '*q*', etc. (lettres de proposition) non pas comme des variables qui représen-teraient des propositions ou des valeurs de vérité, mais comme des écritures abrégées qui *tiennent lieu* des propositions. Quant à ces dernières, elles sont les énoncés déclaratifs eux-mêmes plutôt que des entités invisibles cachées derrière eux, *i.e.* elles consistent en des suites de mots ou de symboles appartenant au langage usuel ou d'une façon générale à un langage-objet quelconque. Les valeurs de vérité vrai et faux ne sont pas non plus des objets abstraits, mais des manières de parler respectivement des propositions vraies et des propositions fausses. Les fonctions de vérité ne sont pas davantage conçues comme des entités : ce sont des composés d'une certaine espèce. Dire qu'un composé est une fonction de vérité, c'est dire que le fait qu'il est vrai ou faux dépend univoquement de ce que ses composants sont vrais ou faux : cela met les fonctions de vérité à part des composés qui n'ont pas cette propriété (les conditionnelles irréelles par exemple, dont certaines qui ont un conséquent faux sont réputées fausses, alors que d'autres qui sont dans le même cas sont réputées vraies), ou encore des composés où figurent 'pour tout' et 'il existe', qui sont des expressions logiques sans être, du moins hors des univers finis, des fonctions de vérité.

Quine appelle les lettres de proposition '*p*', '*q*', etc., ainsi que leurs composés par les fonctions de vérité, des *schémas*, *i.e.* des diagrammes ou des dessins ou des sortes de mannequins ('*dummies*') qui n'appartiennent pas à un langage-objet, mais qui donnent lieu à des propositions quand on y remplace les lettres par des propositions d'un langage-objet quelconque. Les schémas fonctionnels (littéralement les schémas de fonctions de vérité) sont des fonctions de vérité de composants qui sont des lettres de proposition. Comment découvre-t-on ces schémas ? En traduisant les propositions du langage usuel. Grossièrement, c'est-à-dire abstraction faite des problèmes de groupement (§ 11-12), cette opération comporte deux étapes. La paraphrase aboutit à mettre un symbole à la place d'une connexion propositionnelle du langage usuel, mais elle nécessitera éventuellement une amplification comme étape intermédiaire (*cf.* § 3, alinéa 3, etc.). La traduction s'achève en remplaçant les propositions par des lettres de proposition. Le résultat est un schéma qui exhibe la structure logique de la proposition dont on est parti, pour autant que cette structure peut être rendue par la composition de fonctions de vérité. Un schéma fonctionnel est valide si la substitution à ses lettres de proposition ne fournit jamais que des instances valides. Une proposition (d'un langage-objet) est *vraie au sens des fonctions de vérité* si elle est une instance d'un schéma fonctionnel valide.

Dans cette conception, le calcul des propositions (Quine évite systématiquement cette appellation puisqu'il refuse de traiter les propositions comme des entités que désigneraient les énoncés[1]) devient une description de l'emploi des connexions propositionnelles sous l'angle de la validité ou de la non-validité des composés.

L'étudiant qui connaît d'autres formulations de la logique des connecteurs pourra comparer les notions qui lui sont familières à celles qu'utilise Quine : en se gardant des rapprochements téméraires et en faisant attention que la terminologie de Quine est solidaire de son analyse. Ce que d'autres logiciens nomment implication (matérielle) s'appelle chez Quine une conditionnelle, et Quine appelle *implication* une conditionnelle valide. Conventions de vocabulaire ? Non point, mais conclusions cohérentes : les propositions n'étant plus des noms (de valeurs de vérité), 'implique', en tant que prédicat, leur est inapplicable. Ce sont encore des précisions nécessaires si l'on prend au sérieux la logique symbolique dans son rôle de logique formelle, *i.e.* d'instrument d'analyse du langage usuel, au lieu de l'orienter vers la formalisation des mathématiques et ses problèmes exclusivement (l'emploi de 'implique' et de 'implication' en langage usuel est équivoque, mais il correspond sans doute mieux à une relation de conséquence

1. Sur les raisons de ce refus des propositions abstraites, raisons qui ne partent pas toutes du désir de réduire les entités non indispensables, voir par exemple *Philosophy of Logic*, p. 3.

valide qu'à la composition par 'si… alors', construite comme une fonction de vérité). On remarquera que la notion de substitution conjointe ne coïncide pas avec celle de substitution simultanée qui se rencontre dans la littérature : il s'agit de substitution simultanée dans *plusieurs* schémas à la fois. On évitera de confondre 'instance' (une instance est une proposition, non pas un schéma) et 'instantiation' (une instantiation est un schéma de quantifications ouvert). Il est vrai qu'on entend aussi par instance le résultat de l'instantiation d'un schéma de quantifications : une instance de schéma de quantifications s'obtient en remplaçant dans un tel schéma toutes les occurrences d'une variable liée par des occurrences d'une même variable libre, et en biffant le quanteur correspondant. Mais le mot 'instance' n'est pas utilisé avec cette acception dans le présent livre [1].

On obtient toute la logique élémentaire lorsqu'on décompose plus complètement les propositions, en faisant apparaître, outre les connexions déjà connues, les expressions logiques propres à la théorie de la quantification (les 'pour tout', 'il existe' et leurs variantes verbales), les pronoms (qui seront paraphrasés par des variables) et les prédicats. Le chapitre 3 indique les compléments nécessaires à la symbolisation dans ce cadre plus vaste.

Le chapitre 4 traite de la théorie de la quantification selon la même optique 'nominaliste' déjà adoptée à propos de la logique des fonctions de vérité : un des thèmes de la philosophie de Quine est qu'on ne doit pas introduire des entités abstraites pour des théories qui n'en présupposent pas nécessairement [2]. Les prédicats seront donc à leur tour élucidés comme des constructions linguistiques. Un prédicat s'obtient naturellement d'un énoncé quelconque en mettant des chiffres entourés d'un rond (des 'chiffres cerclés') à la place de ses

---

1. Voir *Methods of Logic*, p. 165.
2. Voir *Methods of Logic*, p. 95, note 2.

variables libres (un prédicat ne diffère d'un énoncé ouvert que par le fait que les variables qui sont libres dans celui-ci ont été remplacées par des chiffres cerclés). Un schéma de quantifications est toute expression de la forme 'Fx', 'Gx', 'Hxy', etc., ainsi que toute expression constructible à partir de ces atomes par application des connexions propositionnelles et de la quantification (§ 39)[1]. Les 'F', 'G', 'H', etc., sont des lettres de prédicat. Un schéma de prédicats s'obtient en remplaçant toutes les variables d'individu libres d'un schéma de quantifications par des chiffres cerclés (si bien qu'un schéma de quantifications clos, *i.e.* un schéma de propositions, est un schéma de prédicats). Un énoncé ouvert exprime ce qui peut se dire d'un objet x ou de plusieurs objets x, y, etc. Une proposition où figurent des quanteurs s'appelle aussi une quantification (§ 29).

La règle pour l'évaluation du quanteur '$(\exists x)$' donnée par Quine (§ 34) à savoir qu'une expression '$(\exists x)Fx$' est vraie s'il y a dans l'univers du discours un objet qui vérifie 'F', montre qu'il construit la quantification en termes d'objets plutôt qu'en termes de substitution[2].

1. Quine inclut aussi parmi les schémas de quantifications les schémas fonctionnels formés à partir des lettres de proposition : ainsi tous les schémas fonctionnels sont des schémas de quantifications (cf. § 40, alinéa 1). Les conventions posées à la fin du § 30 donnent un sens à tous les cas de quantification vide susceptible de se présenter.

2. Cf. *Philosophy of Logic*, p. 93 et surtout *Ontological Relativity and Other Essays*, p. 63 *sq.*, où Quine compare deux interprétations des quanteurs, l'une en termes de substitution ou substitutionnelle qui consiste à poser que '$(\exists x)Fx$' est vrai s'il existe dans le vocabulaire un terme sans variable libre a tel que 'Fa' est vrai, et l'autre, en termes d'objets et dite 'objectuale'. La première est ontologiquement neutre, car elle n'oblige pas les variables qui tombent dans les quanteurs ou les expressions constantes substituables à ces variables, à désigner des objets : la connexion entre vérité et correspondance avec des entités d'espèce extra-linguistique semble rompue (puisqu'on peut se passer d'un univers d'*objets* pour les variables). Par contre le traitement des termes singuliers exige plutôt la quantification objectuale (cf. § 47, alinéa 3). Quantification substitutionnelle et objectuale concorderont si tout objet a un nom et si tout nom désigne un objet (cette dernière condition exclut les termes

La substitution aux lettres de prédicat[1] sert à Quine à définir la notion de validité d'un schéma de quantifications clos : un tel schéma est valide si toutes ses instances sont vraies, l'opération de substitution incluant cette fois la substitution aux lettres de prédicat (*cf.* § 43). Cette définition dépend des possibilités de construction du langage-objet qu'on s'est donné (*cf.* dernier alinéa de la Préface à l'édition revue) ; elle équivaut à la définition référentielle en termes de modèles (à la manière de Tarski)[2], et elle présente l'avantage de se raccorder à celle que connaissait la logique traditionnelle, qui ne disposait pas d'une définition ensembliste de la vérité, mais qui enseignait tout de même qu'une proposition est valide si elle reste vraie quand on effectue uniformément une substitution quelconque à ses constituants non logiques : il y a eu, de la logique traditionnelle à celle d'aujourd'hui, reformulation de l'acquis dans une langue précise. La raison pour laquelle Quine préfère la définition de la validité moyennant la notion de substitution, est son moindre coût ontologique, car elle ne nécessite pas, dans sa formulation, l'admission d'ensembles, mais seulement l'univers de propositions d'un langage-objet (qui pourra être, par exemple, celui de l'arithmétique élémen-

---

singuliers vides, tel "Pégase"). La définition substitutionnelle de la validité *ne* présuppose *pas* la quantification substitutionnelle.

1. On évite, en logique élémentaire, de parler de variables de prédicat : on conçoit les variables comme des lettres admises à figurer dans les quanteurs. Or, en logique élémentaire, aucune lettre de prédicat n'est admise dans un quanteur.

2. Pour que les définitions substitutionnelle et référentielle de la validité concordent, il faut que tout énoncé ouvert substituable (aux schémas de prédicats) détermine un objet et que tout objet soit déterminé par un énoncé ouvert, *i.e.* que 'toutes les substitutions' équivale à 'toutes les classes et toutes les relations' (*Préface, loc. cit.*). Moyennant le théorème de Löwenheim-Skolem, la validité au sens substitutionnel implique la validité au sens référentiel (un univers infini dénombrable suffit). La réciproque découle de Gödel 1930 (validité au sens substitutionnel implique dérivabilité formelle), et de ce qu'un schéma formellement dérivable n'engendre par substitution que des propositions vraies (cf. *Philosophy of Logic*, p. 53-55).

taire)[1]. La notion de substitution aux lettres de prédicat dans son aspect technique est traitée clairement et commodément, grâce au dispositif des chiffres cerclés, adopté ensuite par d'autres auteurs de manuels[2]. L'étudiant pourra constater que les restrictions à l'introduction (§ 41) et la notion de substitution libre (pour les ions) dans *Logique mathématique* de Kleene[3] partent des mêmes motifs et entraînent les mêmes effets.

Le § 45 est le point culminant de l'ouvrage. L'auteur y indique pour les schémas de quantifications une procédure de réfutation (une procédure pour démontrer l'inconsistance, *i.e.* la non-satisfiabilité dans tout domaine non vide) qui s'applique directement aux schémas prénexes et qui emploie deux règles d'instantiation. Une procédure de réfutation est en même temps une procédure de démonstration puisque l'inconsistance d'un schéma équivaut à la validité de sa négation (ou à la validité de la clôture universelle de sa négation, dans le cas d'un schéma ouvert). Il ne s'agit pas de démonstration au sens des systèmes formels de type hilbertien puisqu'il n'y a pas d'axiomes (et les règles d'instantiation sont des règles d'élimination de symboles issues des systèmes de 'déduction naturelle'), mais plutôt d'une procédure comparable à celle indiquée par Skolem[4]. Tout schéma prénexe inconsistant peut être capturé par cette procédure qui est donc complète, compte

1. Dans *Philosophy of Logic*, p. 56, Quine montre comment ce repli sur les définitions de 'valide' et de 'logiquement vrai' en termes de substitution présente l'avantage de rendre ces notions indépendantes de toute notion ensembliste autre qu'élémentaire. Parallèlement à la définition donnée au niveau de la logique propositionnelle, une proposition (d'un langage-objet quelconque) est dite *logiquement vraie au sens de la quantification* si elle est une instance obtenue d'un schéma de quantifications valide par substitution à ses lettres de prédicat.

2. *Cf.* B. Mates, *Elementary Logic*, 1965.

3. P. 105-106 de la traduction française.

4. T. Skolem, « Ueber die mathematische Logik », 1928. Voir aussi Quine, « A Proof Procedure for Quantification Theory », *Journal of Symbolic Logic*, 20, 1955.

tenu de la possibilité de transformer, par une suite d'équivalences, un schéma quelconque en un schéma prénexe. Cette
propriété de complétude n'est pas prouvée ici, mais elle
s'obtient immédiatement à partir de la loi de la conjonction
infinie[1] (qui est un lemme de compacité pour les formules
élémentaires, *i.e.*, dans la terminologie de Quine, pour les
schémas fonctionnels où les lettres de proposition ont été
remplacées par des schémas atomiques ouverts). Sa complétude découle encore de résultats de Gentzen (Théorème principal renforcé) touchant la structure des démonstrations des
schémas quantifiés, ou de Herbrand sur le contenu constructif
des notions sémantiques (par exemple de celle de vrai dans un
univers infini) sous-jacentes à la théorie de la quantification.

Comme un schéma A *implique* un autre schéma B lorsque
la conjonction de A avec '~B' est inconsistante, cette procédure peut servir à démontrer des implications entre schémas,
que ceux-ci soient clos ou ouverts (si l'un au moins est ouvert,
on étudie l'inconsistance de la clôture existentielle de la
conjonction formée de A et de '~B', voir § 43).

Cette procédure n'est que la moitié d'une méthode de
décision, parce qu'une méthode de décision devrait établir
aussi la consistance ou la non-validité là où elles sont pré-
sentes; on croirait que la procédure de réfutation (ou de
démonstration) dont on dispose serait capable de fournir aussi
l'autre moitié, en passant par la négation. Il n'en est rien, parce
que si la validité d'un schéma implique la non-validité de sa
négation, la non-validité d'un schéma (même clos) n'implique
pas la validité de sa négation (comme il est facile de le voir sur

---

1. Voir les points (V) et (VI) de l'Appendice à *Methods of Logic*. La propriété de complétude de cette procédure peut s'énoncer ainsi : ou bien un schéma
de quantifications (prénexe) donne lieu par application des règles d'instantiation à un schéma fonctionnel inconsistant (ou à une conjonction de schémas
fonctionnels inconsistants), ou bien il est satisfiable dans un domaine infini.

un exemple aussi simple que celui des schémas '$(\exists x)Fx$' et '$\sim(\exists x)Fx$', tous les deux non valides).

Les aperçus relatifs à l'égalité et à l'appartenance, ainsi que les remarques sur les rapports entre la logique et les mathématiques par lesquelles se termine l'ouvrage, pour brèves qu'elles soient, sont précises et instructives. On doit conseiller aux étudiants de lire et de relire cet ouvrage, de résoudre les exercices (qui sont faciles), et de ne pas négliger les Préfaces et l'Introduction auxquelles on se reportera après une première lecture : elles énoncent les principales idées générales développées techniquement dans le texte.

Suit une liste d'ouvrages et d'articles de Quine qui se rapportent directement aux sujets dont traite *Logique élémentaire* :

1934 – « Ontological Remarks on the Propositional Calculus », *Mind*, n°43 (réimpr. *in* 1966a, p. 57-69).

1940 – *Mathematical Logic*, Cambridge, Mass., Harvard University Press, éd. rev. 1951, 346 p.

1960 – *Methods of Logic*, Holt, Ranehart & Winston (la 2ᵉ éd. rev. 1956 comporte à part un appendice incorporé à la 3ᵉ éd. 1959), 272 p.

1953 – « Mr. Strawson on Logical Theory », *Mind*, n°62 (réimpr. dans 1966a, p. 135-155).

1955 – « A Proof Procedure for Quantification Theory », 1954, *Journal of Symbolic Logic*, 20, 1955 (réimpr. dans 1966b, p. 196-204).

1960 – « Variables Explained Away », *Proceedings of the American Philosophical Society* (réimpr. dans 1966a, p. 227-235).

1961 – « Logic as a Source of Syntactical Insights », *Proceedings of Symposia in Applied Mathematics* XII, American Mathematical Society, p. 1-5.

1963 – *Set Theory and Its Logic*, Harvard University Press, 2ᵉ éd. rev. 1969, 361 p.

1966a – *The Ways of Paradox and Other Essays*, Random House, 258 p.

1966b – *Selected Logic Papers*, Random House, 251 p.

1969 – *Ontological Relativity and Other Essays*, Columbia University Press, 165 p.
1970 – *Philosophy of Logic*, Prentice Hall, Englewood Cliffs, 109 p. (version française partielle du chapitre 2 : « Sur la tâche de la grammaire », *Âge de la science*, 3, n°1, p. 3-15).

.

Jean LARGEAULT

[N.d. E.] Les notes, mots ou phrases qui ne sont pas dans le texte de Quine ont été placés entre des doubles crochets [[…]]. Il va de soi que la connaissance des ouvrages et articles mentionnés dans les notes n'est pas présupposée de la part du lecteur.

Sigles logiques

'x', 'y', 'z', …	variables	
'p', 'q', 'r', …	lettres de proposition	
'F', 'G', 'H', …	lettres de prédicat	
'Fx', 'Gx', 'Hy', …	énoncés ouverts	
'__'	schéma ouvert	
'$p \cdot q$', 'pq', '$p \& q$', '$p \wedge q$'	conjonction	'et'
'$\sim(p)$', '$\sim p$', '$\bar{p}$', 'p''', '$\neg p$'	négation	'n', 'non'
'$p \vee q$'	disjonction	*vel*, 'ou' au sens inclusif
'$p \supset q$', '$p \rightarrow q$'	implication	'si … alors …'
'$p \equiv q$', '$p \leftrightarrow q$', '$p \sim q$'	équivalence	'… si et seulement si …'
'$x = x$'	identité	
'$x \in y$'	appartenance	
'$\top$'	le vrai	
'$\bot$'	le faux	
'$\exists x$'	quanteur existentiel	'il y a', 'il existe', 'quelque chose'
'$\forall x$'	quanteur universel	'tout', 'toute chose'

PRÉFACE À L'ÉDITION REVUE

Ce petit livre ne donne qu'un seul fil de techniques simples répondant au propos central de la logique contemporaine ; sauf exception, on ne s'en est pas écarté pour chercher des méthodes de remplacement ou des problèmes latéraux. On a expliqué les concepts formels fondamentaux, traité en long et en large de la paraphrase des mots en symboles, fourni une méthode pour décider la validité en logique des fonctions de vérité, et, en logique de la quantification, fourni une procédure de démonstration jouissant de la propriété de complétude. À la fin, on a glissé de brefs aperçus relatifs à des sujets complémentaires. On a voulu que l'ouvrage se présentât comme un comprimé commode qui contienne le minimum de ce qui est essentiel. Il pourra rendre service à ceux qui ont besoin d'un peu de logique, soit à titre de propédeutique à une autre discipline, soit en vue de passer un examen de formation générale, ou bien comme partie d'un cours consacré à une vue d'ensemble du sujet. L'ouvrage conviendra à des lecteurs qui ne veulent pas s'essouffler à parcourir toute l'étendue de mes *Methods of Logic* ou de travaux avancés.

Cette édition, vingt-quatre ans après la première, a été profondément retravaillée, et un bon tiers en est nouveau. On a opéré des changements dans les notations, rajeuni la terminologie et relabouré en entier le domaine des tests de validité et des procédures de démonstration. Certains éléments, qui étaient nouveaux à l'époque de la première édition et qui ont disparu de celle-ci, offraient quelque intérêt : les techniques de dégagement et la transformation singulière. On a préféré ici s'en tenir à d'autres techniques plus courantes et aussi efficaces.

La méthode qu'on utilise pour tester les fonctions de vérité est la méthode vénérable des formes normales disjonctives et conjonctives. La procédure de démonstration pour la théorie de la quantification est celle qui est visée par le point (V) de l'Appendice de *Methods of Logic* : elle consiste simplement à démontrer l'inconsistance[1] d'un ou de plusieurs schémas prénexes en les instantiant jusqu'à ce que ces instantiations cumulées finissent par donner un schéma fonctionnel inconsistant[2]. C'est une technique facile à s'assimiler, facile à justifier, facile à appliquer. En pondérant ces avantages et en additionnant, je trouve que c'est de loin, pour la théorie de la quantification, la technique de démonstration la plus aisée que je connaisse[3].

L'Introduction et le chapitre 1 sont restés sans changement à quelques corrections négligeables près. Le chapitre 2 a été peu modifié dans ses sept premiers paragraphes (§ 14-20), la terminologie exceptée : 'relatif à la composition' est devenu 'relatif aux fonctions de vérité', 'structure' est devenu 'schéma', 'variable de proposition' est devenu 'lettre de proposition'. Le reste de l'ancien chapitre 2 (§ 21-30) est devenu les § 21-27 nouveaux, dont les deux tiers sont de la nouvelle rédaction, et l'autre tiers une mouture de l'ancienne version. Le chapitre 3 est inchangé, à l'exception du renumérotage des paragraphes, du rétablissement des parenthèses autour des quanteurs, de la révision de ce qui forme maintenant

---

1. [[Inconsistance, *i.e.* insatisfiabilité pour toute assignation dans tout domaine non vide.]]

2. [[Voir ci-dessous, p. 178 *sq.*]]

3. [[Édition Harvard : elle est dans la ligne de Skolem et de Herbrand.]]

le § 36 et de la modernisation de la terminologie dans le § 30 actuel. Du chapitre 4 on ne reconnaît sans peine que les quatre premiers de ses quinze paragraphes de la première édition, et encore ont-ils subi des modifications touchant la termi-nologie : 'patron' (*stencil*) est devenu 'prédicat', ainsi que quelques autres retouches. Le reste de ce chapitre, à savoir les anciens § 46-56, est devenu les § 43-48 nouveaux qui ne correspondent aux anciens que pour certains alinéas.

Les lecteurs qui connaissent *Methods of Logic* trouveront dans les exemples ce qu'ils croiront être des souvenirs de ce dernier livre. Mais en fait ce ne sont pas des emprunts. Ces exemples figuraient dans l'édition de 1941 de *Elementary Logic*, et c'est de là que je les avais importés dans *Methods of Logic* en 1950.

Ces[1] mêmes lecteurs et d'autres s'étonneront, en arrivant au § 43, de ce que je définisse valide par vrai relativement à toutes les substitutions, car ils savent que la validité d'un schéma de quantifications consiste dans le fait que ce schéma est satisfait par toutes les classes et toutes les relations. Parler de vrai relativement à toutes les substitutions semble une erreur, et pour deux raisons. D'abord l'extension de 'toutes les substitutions', à la différence de celle de 'toutes les classes et toutes les relations', dépend des moyens du vocabulaire dont on dispose ; ensuite, si importants que soient ces moyens, il y aura, en vertu d'un théorème de Cantor, plus de classes et de relations qu'on peut en décrire en effectuant des substitutions. Cependant, on sait que si notre vocabulaire de substitutions disponibles inclut les symboles de l'arithmétique élémentaire, un schéma de quantifications quelconque vrai relativement à toutes les substitutions sera aussi satisfait par toutes les classes

---

1. [[Ce dernier alinéa de la préface est celui de l'édition (revue) publiée par Harvard University Press, Cambridge, Mass., 1966. Il constitue la seule parti-cularité de cette édition, en tout point semblable par ailleurs à l'édition Harper & Row (à un mot près, en tête de l'alinéa 7 du § 44).]]

et toutes les relations [1]. Cela résulte de Hilbert et Bernays [2], et c'est ce qui justifie notre définition de la validité du § 43. C'est une heureuse circonstance et qui permet d'être bref. Les étudiants plus avancés doivent connaître les deux définitions et savoir pourquoi elles concordent.

Harvard, Massachusetts, août 1965.

W. V. Q.

1. [[Voir *Philosophy of Logic*, p. 53-54.]]

2. [[*Grundlagen der Mathematik*, 2, p. 234-253, éd. 1970, p. 243-263. P. Bernays, *Philosophie des mathématiques*, intro., trad. fr. et notes par H. Sinaceur, Paris, Vrin, 2003.]]

PRÉFACE À L'ÉDITION DE 1941

La logique contemporaine n'est pas uniquement la continuation de la logique formelle traditionnelle. Les problèmes de fondement des mathématiques ont représenté, dans son développement, une cause à part. Mais l'étudiant moyen qui aborde la logique contemporaine est à la recherche de techniques et d'analyses capables d'exécuter, d'une façon plus poussée ou sur une plus grande échelle, le genre de travail en vue duquel on avait naguère inventé la logique traditionnelle. Par suite, la majeure partie des fines mécaniques que lui offre la logique contemporaine sont sans rapport avec ses besoins.

Les auteurs de manuels d'introduction courants sentent bien la nécessité de couper court à ces finesses à motivation mathématique ; seulement, lorsqu'ils le font, ils tombent erronément dans l'autre extrême et vont jusqu'à omettre les techniques dans lesquelles la logique contemporaine l'emporte principalement sur la logique traditionnelle même d'un point de vue qui n'a rien à voir avec les mathématiques. Ce qui est le plus souvent omis, c'est la théorie de la quantification, ou théorie de 'tout', 'quelque', 'chaque', 'aucun', et des pronoms. Les manuels d'introduction s'arrêtent en général à la dite algèbre des classes, laquelle n'est qu'un tout petit fragment de la théorie de la quantification, et à peine plus riche que la syllogistique traditionnelle. Or, les expressions analysées et traitées en théorie de la quantification jouent, dans quelque parler que ce soit, un rôle si fondamental, que tout manuel de logique à l'usage des débutants devrait se proposer d'apprendre à dominer et à mettre en œuvre les principaux points de cette théorie. Pour satisfaire à cette exigence, je me suis efforcé, au chapitre 4 du présent livre, de donner de la théorie de la quantification une version adaptée à des besoins élémentaires et généraux.

Le chapitre 2 traite de la partie la plus simple de la théorie logique, je veux dire la théorie de la composition des propositions. La nouveauté de notre traitement n'est pas moins grande en ce domaine qu'en théorie de la quantification. Dans ces deux secteurs, la méthode fondamentale repose sur la transformation progressive des expressions en d'autres expressions équivalentes, plutôt que sur des chaînes de déduction. La méthode générale est plus parente de la pratique algébrique de la substitution des identiques que de la pratique du géomètre qui consiste à dériver des théorèmes à partir d'axiomes.

Le but de ce livre a été de rendre plus intelligibles les constructions logiques de base et les raisonnements impliqués dans le langage usuel. En conséquence, presque la moitié du livre, les chapitres 1 et 3, est consacrée à l'analyse d'expressions en mots. Quoique l'analyse procède en traduisant les expressions en un symbolisme simplificateur, l'appareil symbolique a été réduit au minimum. Par exemple, au lieu d'adopter quatre symboles logiques correspondant aux quatre connexions 'si… alors', 'ou', 'et' et 'non', comme on le fait en 'logique symbolique', nous nous tirons d'affaire avec des symboles correspondant aux deux dernières seulement. Une fois traduites en symboles, des propositions équivalentes mais dissemblables en langue usuelle se confondent, alors que dans la 'logique symbolique' courante, de telles propositions reçoivent le plus souvent des traductions symboliques dissemblables dont il faut ensuite prouver l'équivalence par des méthodes symboliques. Ainsi une grande partie des tâches qui ordinairement incombent à l'appareil symbolique et à sa machinerie est, dans le traitement adopté ici, transférée à la logique considérée sous le rapport de l'analyse ou de la traduction. Cette politique est inspirée par le désir de travailler directement avec le langage usuel jusqu'au moment où il y a un gain décisif à s'en écarter ou à l'abandonner.

En ce qui concerne l'arrière-plan historique, le lecteur est renvoyé aux nombreux passages en petits caractères de *Mathematical Logic* que j'ai publié récemment. Cela me dispense de rappeler, dans ce livre, tout ce qu'il faudrait porter au compte des logiciens qui m'ont précédé. En outre, j'ai une dette envers le Dr John C. Cooley qui m'a aidé à mettre sur pied le cours de logique élémentaire à Harvard en 1938-1940 et qui a publié diverses éditions ronéotées d'un *Outline of Formal Logic* capable de servir de manuel de référence pour un cours de ce genre. Je l'ai suivi en appliquant les termes 'équivalent', 'validité', 'implication' en premier aux structures (= schémas dans la 2ᵉ édition), et en formulant ces notions à partir de celle d'instance. L'attitude générale que j'adopte sur les structures (§ 14) vient en grande partie de lui, mais elle remonte aussi à un article inédit de A. Wohlstetter sur les variables (Thèse Phil., Columbia, 1938). Je remercie C. G. Hempel pour ses nombreuses suggestions.

Cambridge, janvier 1941.
W. V. Q.

§ 1. INTRODUCTION

Au cours des siècles, le domaine recouvert par ce qui s'est trouvé désigné par le mot de 'logique' a fortement varié selon les auteurs. Il semble toutefois que tous ces différents domaines incluent une partie commune, à savoir cette logique qu'on a l'habitude de décrire, d'une manière imprécise, lorsqu'on dit qu'elle est la science des inférences nécessaires. On tend de plus en plus à limiter à ce champ le mot de 'logique', et l'emploi que nous en ferons dans le présent ouvrage sera fidèle à cette tendance.

Pour être un peu plus précis, on caractérisera le domaine de la logique de la manière suivante : d'abord certaines expressions de base, parmi lesquelles figurent 'si', 'alors', 'et', 'ou', 'non', 'à moins que', 'quelque', 'tout', 'chaque', 'un quelconque', 'cela', etc.[1], seront appelées expressions *logiques*. On les rencontre dans des propositions portant sur n'importe quel sujet. Les autres éléments qui entrent dans la composition des propositions sont plus particuliers ; le patron suivant lequel ils se ciment ensemble par nos expressions de base dans les

---

1. [[Quine conçoit les variables (d'individu) comme l'analogue des pronoms de la langue usuelle : ce sont les pronoms de la logique (cf. ci-dessus, p. 21, ligne 20). « Les variables sont des pronoms abstractifs. Fondamentalement [...] elles représentent un moyen de marquer des places à l'intérieur d'un énoncé, en vue d'abstraire le reste de l'énoncé, lequel reste deviendra ainsi un prédicat » (« Variables Explained Away », 1959).]]

propositions s'appellera *structure logique* des propositions.
Voici un exemple. Les propositions [1] :

(1)   Tout microbe est un être animé ou un végétal,
(2)   Tout Genevois est calviniste ou catholique,

ont la même structure logique. Il revient à la logique d'étudier
l'incidence de la structure logique sur la vérité et la fausseté
des propositions.

Une proposition est dite *logiquement vraie* si elle est vraie
en vertu de sa structure logique seulement, *i.e.*, si toutes les
autres propositions qui ont la même structure logique qu'elle
sont vraies comme elle, indépendamment de leur sujet.
Exemple simple :

> Tout microbe ou bien est un être animé ou bien n'est
> pas un être animé.

Deux propositions sont *logiquement équivalentes* si elles
s'accordent sous le rapport de la vérité et de la fausseté en vertu
de leur structure logique seulement, *i.e.* si aucune modification
apportée uniformément à tous les constituants non logiques de
ces propositions n'est susceptible de rendre l'une vraie et
l'autre fausse. La proposition :

> Si quelque chose n'est ni un être animé ni un végétal,
> cela n'est pas un microbe,

est logiquement équivalente à (1). Une proposition en *implique
logiquement* une autre si de la vérité de celle-là nous pouvons
inférer la vérité de celle-ci, en vertu de la structure logique de
ces deux propositions seulement. Ainsi la proposition :

> Tout Genevois est calviniste,

implique logiquement (2).

---

1. [[Quine utilise tacitement la convention (*Mathematical Logic*, § 4) selon
laquelle deux points équivalent aux guillemets, lorsque le texte qui suit ces deux
points est mis en vedette, au moyen de blancs, sur une ou plusieurs lignes à
part.]]

La vérité logique, l'équivalence logique, l'implication logique ne sont pas toujours aussi faciles à identifier que dans le cas de ces exemples. On peut se tromper même dans des exemples d'un degré de simplicité comparable. Ainsi nous serons éventuellement tenté de penser que (1) implique logiquement :

(3)   Quelques êtres animés sont des microbes,

ce qui est erroné, comme on s'en aperçoit en changeant 'microbe' en 'azalée', et en observant qu'alors (1) reste vrai tandis que (3) devient faux. Le bon sens courant a pu préserver le lecteur de tomber dans un piège aussi candide ; il est cependant certain qu'il n'y a pas de limite aux complications possibles et qu'il arrive que vérité, équivalence et implication logiques échappent à tous les gens qui ne disposent pas de certaines techniques particulières. La logique s'occupe justement de mettre au point de telles techniques.

Aristote est le premier qui ait donné un exposé partiel de la logique, entendue en ce sens ; c'est ce qu'on désigne traditionnellement sous le nom de 'logique formelle'. Mais le siècle dernier en a vu la conception évoluer profondément en même temps que la méthode s'étendre : la logique formelle étriquée et stéréotypée de la tradition a cédé la place à une nouvelle logique, discipline qui surpasse l'ancienne par l'étendue de son domaine et par sa subtilité. La logique formelle traditionnelle n'est pas réfutée ni reniée, car ce qu'elle faisait, la logique nouvelle le fait encore, mais cela ne représente que le sous-produit d'une entreprise plus puissante.

Pour traiter de la logique dans sa forme d'aujourd'hui, il est commode de la diviser en trois parties. D'abord la théorie des *fonctions de vérité*[1] a seulement pour objet les structures logiques engendrées en construisant des propositions composées à partir de propositions simples moyennant les particules

---

1. [[On dit aussi : des connecteurs.]]

'et', 'ou', 'non', 'à moins que', 'si… alors', etc. Ensuite la théorie de la *quantification* étudie des structures plus complexes, au sein desquelles les particules que nous venons de mentionner sont combinées à d'autres particules telles que 'tout', 'un quelconque', 'quelque', 'aucun', lesquelles traduisent une idée de généralité. Enfin la théorie de l'*appartenance* considère des structures particulières qui interviennent dans un discours portant sur des classes ou des objets abstraits. Cette séparation en trois parties m'a fourni le plan d'un autre de mes livres, *Mathematical Logic*, qui est plus étoffé.

Mais on serait aussi justifié à disposer la matière autrement : on pourrait convenir que la logique proprement dite n'embrasse que les deux premières de ces trois parties et que la théorie de l'appartenance constitue une branche fondamentale des mathématiques et extérieure à la logique[1]. Nous construirons comme étant la logique tout ce qui rentre dans le cadre de ces trois parties ou bien seulement ce qui rentre dans le cadre des deux premières selon que nous donnons plus ou moins d'ampleur au catalogue des expressions logiques auxquelles nous faisions allusion plus haut. Dans la version large de la logique celle-ci englobe les mathématiques[2] ; dans la version étroite il demeure entre elles une frontière dont le tracé s'accorde d'ailleurs très bien avec l'usage traditionnel.

Le présent livre, en tout cas, recouvrira essentiellement les deux premières parties, à savoir les fonctions de vérité et la quantification. Cette province à deux départements pourra être nommée 'logique élémentaire' ou 'logique', tout court, au choix du lecteur. Plus étroite que la logique au sens des trois parties de *Mathematical Logic*, elle s'arrête avant les développements de type carrément mathématique ; elle s'en tient aux sujets qu'on classe sans hésitation comme étant d'ordre

---

1. Cf. § 48, et aussi *Mathematical Logic*, p. 127-128. J'ai emprunté ce point de vue à Alfred Tarski.
2. Cf. *Mathematical Logic*, p. 5, 126 et 237-279.

logique. Et pourtant elle va bien au-delà de la logique formelle traditionnelle.

Les sujets dont on traitera ici ne se prêtent pas seulement à la partition déjà décrite en composition des propositions et quantification; une autre partition est possible qui la recoupe. En effet, avant de se lancer dans l'investigation des structures logiques qu'on aura dégagées, en les considérant sous le rapport du vrai et du faux, la logique doit commencer par dégager ces structures. Ce travail consiste à analyser les propositions du langage usuel, à expliciter leurs constituants sous-jacents, et à réduire leurs touts à une forme systématiquement manipulable. C'est un travail de traduction et non pas, comme l'autre, un travail calculatoire. L'intersection de ces deux partitions a pour conséquence la division de cet ouvrage en quatre chapitres.

I
LA COMPOSITION DES PROPOSITIONS

§ 2. LES VALEURS DE VÉRITÉ

Les propositions sont des énoncés, mais les énoncés ne sont pas tous des propositions. Les propositions ne comprennent que les énoncés qui sont vrais et ceux qui sont faux. Ces deux propriétés des propositions, la vérité et la fausseté, sont appelées *valeurs de vérité*; ainsi, on dit que la valeur de vérité d'une proposition est la vérité ou la fausseté, suivant que cette proposition est vraie ou fausse.

Les énoncés 'Quelle heure est-il?', 'Fermez la porte', 'Ah! Que n'ai-je donc encore vingt ans!', etc., n'étant ni vrais ni faux, ne comptent pas pour des propositions. Seuls les énoncés déclaratifs sont des propositions. Mais un examen plus approfondi révèle qu'il s'en faut que tous les énoncés déclaratifs soient des propositions. L'énoncé déclaratif 'Je suis malade' n'est, en lui-même, ni vrai ni faux, car il peut simultanément être vrai quand il est dit par une personne et faux quand il est dit par une autre. De même l'énoncé 'Il est malade' n'est en lui-même ni vrai ni faux, car ce que désigne 'il' varie selon le contexte; dans un certain contexte, 'Il est malade' peut avoir des titres à être tenu pour vrai, et dans un autre, à être tenu pour faux. L'énoncé 'Jupin est malade' soulèvera une difficulté semblable, car si on n'indique pas le contexte, il est impossible de savoir si 'Jupin' renvoie à Jupin de la rue Taine ou à Pierre

Jupin qui habite rue Mazagran. L'énoncé 'Il y a des courants
d'air ici' sera éventuellement vrai pour celui qui parle ici et
faux pour celui qui parle dans la pièce à côté; et 'la Chine est
loin' est vrai à Boston (Mass.), mais faux à Pékin. L'énoncé
'Les épinards sont bons', au sens de 'J'aime les épinards'
plutôt qu'au sens de 'Les épinards sont riches en vitamines',
est vrai pour une petite élite et faux pour tout le reste des gens.

Les mots 'je', 'il', 'Jupin', 'ici', 'loin', et 'bon' ont pour
effet, dans ces exemples, de permettre à la valeur de vérité
d'un énoncé de varier suivant celui qui parle, ou suivant le lieu
ou le contexte. Les mots qui produisent ce genre d'effet
doivent d'abord être remplacés par des mots ou par des phrases
non ambiguës, pour que nous puissions considérer comme une
proposition un énoncé déclaratif qui les contient. C'est seulement par une telle opération qu'un énoncé isolé formulé pour
lui-même peut être dit avoir une valeur de vérité.

Des mises au point de cette sorte suffisent à éviter qu'une
proposition soit *simultanément* vraie dans la bouche de tel
individu et dans tel contexte, mais fausse ailleurs. Cependant,
même une telle mise au point faite, la valeur de vérité d'une
proposition aura souvent encore l'air de dépendre du moment.
La proposition :

(1)   Jupin de la rue Taine est malade,

est vraie à un moment et fausse à un autre, selon les variations
de l'état de santé de ce Jupin. De même 'Les nazis ont annexé
la Bohême' était faux avant 1939 et vrai ensuite, tandis que
'Les nazis annexeront la Bohême' était vrai avant 1939 et est
faux à présent, sauf si cette annexion est destinée à avoir lieu à
nouveau après avoir été annulée.

Mais l'analyse logique est facilitée si l'on exige simplement que chaque *proposition* soit vraie une fois pour toutes ou
fausse une fois pour toutes, indépendamment du moment. On
arrive à ce résultat en neutralisant le temps des verbes ou bien

en recourant à des descriptions chronologiques, si les distinctions de temps se révèlent indispensables. La proposition 'Les nazis annexeront la Bohême', énoncée comme vraie le 9 mai 1936, correspond à la proposition 'Les nazis annexent [sans nuance de temps] la Bohême après le 9 mai 1936', et cette proposition est vraie une fois pour toutes, quelle que soit la date de son énonciation. La proposition plus courte 'Les nazis annexent la Bohême', construite sans nuance de temps, affirme seulement qu'il existe au moins une date, passée, présente ou future, à laquelle survient cette annexion, et cette proposition aussi est vraie une fois pour toutes. L'énoncé (1) plus haut, émis avec nuance de temps, le 28 juillet 1940, correspond à la *proposition* 'Jupin de la rue Taine est [sans nuance de temps] malade le 28 juillet 1940'; d'autre part, la *proposition* (1), construite sans nuance de temps, peut être tenue pour vraie éternellement, en se fondant sur la raison que Jupin a eu ou aura dans sa vie au moins une maladie.

Ces subtilités sont indispensables à titre de base théorique de l'analyse. Néanmoins, en pratique, dans la construction d'exemples, il sera plus commode d'utiliser comme s'ils étaient des propositions, des énoncés tels que 'Jupin est malade', voire même 'Vous aurez de mes nouvelles'. Mais nous devons toujours nous représenter mentalement que chaque énoncé de ce genre a été développé en la proposition complète appropriée correspondante. Les techniques d'analyse logique vont être conçues en fonction du principe qu'une proposition est un énoncé qui est immuablement vrai ou faux, indépendamment du contexte, du locuteur, du moment et du lieu de son énonciation.

Au moyen des connexions 'et', 'ou', 'si... alors', 'ni... (ne)... ni... (ne)', nous combinons des propositions simples pour former des propositions composées; et la valeur de vérité de la proposition composée dépend de quelque manière des valeurs de vérité de ses composants. La proposition composée :

(2)   Jupin est malade et Simon est en voyage,

par exemple, est vraie exactement dans le cas où les deux propositions composantes 'Jupin est malade' et 'Simon est en voyage' sont vraies toutes les deux. Le composé :

(3)   Ni Jupin n'est malade ni Simon n'est en voyage,

est vrai exactement dans le cas où ni l'un ni l'autre des composants ne sont vrais. Le composé :

(4)   Jupin est malade ou bien Simon est en voyage,

est vrai exactement dans le cas où l'un ou bien l'autre de ses composants l'est. Il peut aussi y avoir différentes sortes d'interdépendance entre la valeur de vérité de deux composés ; il est manifeste, par exemple, que les composés (2) et (3) ne seront pas vrais tous les deux ensemble, et que (3) et (4) ne pourront pas non plus être vrais ensemble.

Par application itérée de ces connexions entre propositions, nous sommes en mesure de construire des propositions de complexité croissante :

(5)   Si Jupin est malade ou Michu en voyage alors ni l'affaire Argus ne se conclura ni les présidents ne se réuniront et annonceront des dividendes à moins que Lepaul se ressaisisse et prenne les choses en main.

La valeur de vérité d'une telle proposition est encore déterminée par celle de ses composants. On peut décider la valeur de vérité de (5) une fois que l'on connaît la valeur de vérité de ses sept composants :

(6)   Jupin est malade,
(7)   Michu est en voyage,
(8)   L'affaire Argus se conclura,
(9)   Les présidents se réuniront,

(10)   Les présidents annonceront des dividendes,
(11)   Lepaul se ressaisira,
(12)   Lepaul prendra les choses en main.

Découvrir la valeur de vérité d'un composé à partir des valeurs de vérité de ses composants sera d'autant plus difficile que les composés qu'on nous propose sont plus complexes; c'est pourquoi il est nécessaire de mettre au point une méthode permettant de résoudre systématiquement tout problème de ce genre (§ 22). Des méthodes systématiques sont également nécessaires pour élucider les relations d'interdépendance entre la valeur de vérité d'un composé complexe et celle d'un autre composé. La logique contemporaine, à son niveau le plus élémentaire, s'est souciée de fournir de telles méthodes. Nous aborderons ces problèmes au chapitre 2. D'ici là, il nous faut nous familiariser avec le sujet, en jetant un coup d'œil aux modes de composition les plus courants des propositions.

Exercice

Dire quelles sont les propositions, parmi les énoncés suivants, si on s'en tient au sens strict de 'proposition' exposé dans le paragraphe précédent. Comment transformer ceux de ces énoncés qui ne sont pas des propositions de manière à en obtenir des propositions ?

Le fer est un métal.

Le fer est une plante.

Le Stromboli est rentré en activité en 1937 et l'éruption n'a pas cessé depuis lors.

Washington est mort avant la naissance d'Eisenhover.

Toutes les fois que je m'éloigne à plus de dix kilomètres de Paris, j'éprouve le mal du pays.

Le docteur a été un camarade de classe de Staline.

§ 3. LA CONJONCTION

Dans le symbolisme de la logique contemporaine, le point '.' est employé à la place de la connexion de propositions 'et'; en sorte que § 2(2) devient [1] :

(1)   Jupin est malade . Simon est en voyage.

De même le composé 'Certains naissent grands, certains atteignent à la grandeur, certains se voient imposer la grandeur' devient :

(2)   Certains naissent grands . certains atteignent à la grandeur . certains se voient imposer la grandeur.

La composition par '.' de deux ou de plus de deux propositions est connue des logiciens sous le nom de *conjonction*, et le composé obtenu est appelé une *conjonction* de ses composants.

Une conjonction est vraie exactement dans le cas où toutes les propositions dont elle est une conjonction sont vraies prises individuellement. Une conjonction est fausse exactement dans le cas où une ou plus d'une de ses propositions composantes sont fausses. Il est évident que l'ordre dans lequel les propositions composantes sont écrites n'affecte pas la valeur de vérité d'une conjonction. Notre citation de Shakespeare aurait pu être rendue d'une façon équivalente sous la forme 'Certains atteignent à la grandeur, certains se voient imposer la grandeur, et certains naissent grands', aussi bien que par 'Certains se voient imposer la grandeur, certains naissent grands, et certains atteignent à la grandeur', ou par n'importe lequel des trois autres ordres encore possibles. Si, habituellement, nous avons tendance à privilégier un ordre donné plutôt qu'un autre, c'est pour des raisons de nature rhétorique

---

1. § 2(2) désigne l'expression numérotée '(2)' au § 2.

(importance, gradation, euphonie, etc.) qui n'ont rien à voir avec le vrai et le faux.

On se sert de la connexion 'et' en langage usuel non seulement entre des propositions mais entre d'autres énoncés et même entre des noms, des verbes, des adverbes, des prépositions et d'autres membres de phrase. C'est à l'emploi de '.' entre des propositions que s'applique le terme technique de 'conjonction'. Mais le 'et' qui figure entre des noms, des verbes ou d'autres parties du discours n'est ordinairement qu'une abréviation du 'et' qui relie des propositions. Ainsi 'Les citoyens des États-Unis peuvent aller au Canada et au Mexique sans passeport' est une abréviation de la conjonction 'Les citoyens des États-Unis peuvent aller au Canada sans passeport et les citoyens des États-Unis peuvent aller au Mexique sans passeport'. De même, 'Lepaul se ressaisit et prend les choses en main' a été traité au § 2 comme une façon abrégée de dire : 'Lepaul se ressaisit et Lepaul prend les choses en main'.

La conjonction formée à partir des deux propositions :

(3)   Certains naissent grands,
(4)   Certains atteignent à la grandeur . certains se voient imposer la grandeur,

sera, avec notre notation, indiscernable de la conjonction formée de la paire suivante de propositions, d'une part

(5)   Certains naissent grands . certains atteignent à la grandeur,

et d'autre part :

(6)   Certains se voient imposer la grandeur.

Aucune de ces conjonctions ne peut se distinguer de celle qui serait formée de la conjonction de (3) avec :

(7)   Certains atteignent à la grandeur,

et (6). Toutes ces trois conjonctions donnent le même résultat, c'est-à-dire (2). Il n'y a point d'ambiguïté gênante là-dedans, car on voit facilement que la valeur de vérité de (2) reste identique, quelle que soit celle des trois interprétations ci-dessus que nous choisissions ; et si nous prenions un exemple différent, nous verrions qu'il en irait de même. Si nous construisons (2) comme une conjonction à trois membres de (3), (7) et (6), nous devons tenir (2) pour vrai exactement dans le cas où (3), (7) et (6) sont vrais. Si nous construisons (2) comme la conjonction de (5) et de (6), nous devons tenir (2) pour vrai exactement dans le cas où (5) et (6) sont tous les deux vrais ; mais la conjonction (5) est vraie exactement dans le cas où ses composants (3) et (7) sont tous les deux vrais, si bien que nous en revenons à considérer (2) comme vrai exactement dans le cas où (3), (7) et (6) sont vrais. Nous verrions qu'on aboutit au même résultat en construisant (2) comme la conjonction de (3) et de (4). Nous pouvons donc penser que (2) est *tout à la fois* la conjonction de (5) et de (6), et la conjonction de (3), de (7) et de (6), et que ces conjonctions sont la même et unique proposition (2).

Nous avons vu que la conjonction de (3) et de (4) est en même temps une conjonction des propositions (3), (7) et (6), dont aucune n'est à son tour une conjonction. De la même manière, une conjonction d'un ensemble quelconque de propositions dont certaines ou toutes sont des conjonctions, est en général également une conjonction d'un autre ensemble de propositions dont aucune n'est une conjonction. Mais nous pouvons continuer à définir une conjonction d'un ensemble quelconque donné de propositions, comme vraie si et seulement si chaque proposition dudit ensemble est vraie, sans nous occuper de savoir si cet ensemble donné est bien celui dont les éléments ne sont plus des conjonctions ; ainsi, nous avons vu que (2) est vrai, si et seulement si (3) et (4) sont vrais, et *aussi* si et seulement si (5) et (6) sont vrais, et *aussi* si et seulement si (3), (7) et (6) sont vrais.

Exercice

Exprimer en langage symbolique sous forme d'une conjonction de trois propositions :

Rome et Paris sont en Italie et Campione est en Suisse.

Sans avoir entendu parler jamais de Campione, pouvez-vous dire si la conjonction obtenue est vraie ou fausse ?

§ 4. LA NÉGATION

Une proposition quelconque étant donnée, nous pouvons en former une autre en *niant* celle qui est donnée. La *négation* qui en résulte sera fausse ou vraie selon que la proposition dont on est parti est vraie ou fausse. On écrira la négation d'une proposition en mettant cette proposition à la place du blanc contenu dans '∼( )' ; mais les parenthèses seront supprimées à moins que la proposition qu'on aura placée entre les parenthèses soit une conjonction. Ainsi la négation de 'La Flandre est voisine de la Wallonie' est :

(1)   ∼La Flandre est voisine de la Wallonie,

et la négation de § 3(1) est :

(2)   ∼(Jupin est malade . Simon est en voyage).

Le tilde '∼' est un 'n' atténué ou un signe qui se place au-dessus du 'n' et qui se lit 'non'.

La formation de la négation, en langage usuel, est capricieuse. Ainsi 'non', 'ne... pas', 'il s'en faut que' s'appliqueront au verbe principal. Habillé en mots, (1) apparaîtra éventuellement sous les formes 'La Flandre n'est pas voisine de la Wallonie', ou encore 'Il s'en faut que la Flandre soit voisine de la Wallonie'. Lorsque la proposition n'a pas de

verbe principal, la négation se fait au moyen d'une périphrase :
ainsi la négation (2) sera rendue en mots par :

(3)   Ce n'est pas que Jupin soit malade et Simon en voyage.

Dans maint autre cas, le langage usuel pourvoit par une
locution spéciale à l'expression de la négation. Par exemple
'~certains naissent grands' apparaîtra en mots sous la forme
'Personne ne naît grand', et '~Jupin n'est jamais malade'
apparaîtra en mots sous la forme 'Jupin est quelquefois
malade'. On réalise donc un énorme gain de simplicité en
adoptant le préfixe '~' comme notation uniforme de la négation. Ce préfixe pourra être considéré comme la réplique
symbolique des périphrases 'il n'est pas vrai que'[1], 'non que'
ou 'ce n'est pas que', comme dans (3), car la préfixation de ces
expressions vaut une négation.

Le recours à des parenthèses pour emballer une conjonction niée, comme dans (2), est nécessaire pour empêcher de
confondre la négation d'une conjonction avec une conjonction
dont le premier membre est une négation. Supprimer les
parenthèses de (2) en le récrivant :

(4)   ~Jupin est malade . Simon est en voyage,

modifierait radicalement le sens; car (2) est la négation de
§ 3(1), alors que (4) est la conjonction de '~Jupin est malade'
et de 'Simon est en voyage'. La négation (2) est vraie toutes les
fois que § 3(1) est faux, et donc toutes les fois que l'une
ou l'autre ou les deux propositions 'Jupin est malade' et
'Simon est en voyage' sont fausses. Au contraire, la conjonction (4) n'est réalisée que dans un seul cas, à savoir lorsque
'Jupin est malade' est faux et 'Simon est en voyage' vrai.

---

1. [[Dans cette traduction de 'it is not the case' (littéralement : 'ce n'est pas
le cas que', inusité en français), 'vrai' *ne* doit *pas* être regardé comme un
prédicat; sinon on n'aurait plus un mode de composition, mais un préfixe
permettant de former, pour chaque proposition donnée, une proposition portant
sur cette proposition, cf. § 27 *in fine*.]]

L'équivalent de (2) en langage usuel est (3), tandis que l'équivalent de (4) en langage usuel est plutôt :

> Jupin n'est pas malade mais Simon est en voyage.

Alors que la conjonction combine ensemble deux ou plus de deux propositions prises à la fois, la négation ne s'applique qu'à une seule proposition. Il est cependant possible de nier conjointement plusieurs propositions en les niant séparément et en conjoignant les négations. Par exemple, les propositions 'Jupin est malade' et 'Simon est en voyage' peuvent être niées conjointement de la façon suivante :

(5)   ~Jupin est malade . ~Simon est en voyage,

soit en mots :

> Jupin n'est pas malade et Simon n'est pas en voyage,

ou encore, dans un français moins courant :

(6)   Ni Jupin n'est malade ni Simon n'est en voyage.

Or la conjonction (5) est vraie exactement si chacune des deux négations est séparément vraie (*cf.* § 3), c'est-à-dire exactement si 'Jupin est malade' et 'Simon est en voyage' sont l'une et l'autre fausses. Il importe donc de distinguer soigneusement (5) de (2), car (2) est vrai si l'*un* de ses membres *ou les deux* sont faux. La fausseté de 'Jupin est malade' suffit pour assurer la vérité de (2), tandis qu'elle ne suffit pas pour assurer celle de (5).

Sur le patron de (5) nous pouvons former la négation conjointe non seulement de deux propositions, mais d'autant de propositions que nous voulons. Par exemple la conjonction :

(7)   ~Jupin vient . ~Simon reste . ~Robert part,

soit en mots :

(8)   Ni Jupin ne vient, ni Simon ne reste, ni Robert ne part,

est vraie exactement dans le cas où 'Jupin vient', 'Simon reste' et 'Robert part' sont toutes fausses. Il faut distinguer cette conjonction de :

~(Jupin vient **.** Simon reste **.** Robert part),

qui est vrai toutes les fois qu'une ou plus d'une des trois propositions 'Jupin vient', 'Simon reste', 'Robert part', sont fausses.

Exercice

Traduire en un français aussi courant que possible :

~(le train est parti en retard **.** ~le train est arrivé en retard)

~le train est parti en retard **.** ~le train est arrivé en retard

~le train arrive souvent en retard

~la plupart des trains arrivent en retard.

§ 5. 'OU BIEN'

La connexion 'ou', ou 'ou bien… ou bien', 'soit… soit', prise dans son acception la plus fréquente, produit une proposition qui est fausse juste dans le cas où la proposition de type 'ni… (ne)… ni… (ne)…'correspondante est vraie. Lorsqu'on entend 'ou' de cette manière, la proposition :

Ou bien Jupin est malade ou bien Simon est en voyage,

ou plus brièvement :

(1)   Jupin est malade ou Simon est en voyage,

est fausse juste dans le cas où § 4(6) est vrai, et donc juste dans le cas où ses parties :

(2)   Jupin est malade, Simon est en voyage,

sont fausses toutes les deux. (1) sera vrai toutes les fois que l'une ou l'autre ou les deux parties de (2) sont vraies. La méthode pour traduire (1) en termes de '.' et de '∼' est donc évidente : (1) pourra être rendu par la négation de § 4(6), et donc par :

(3)   ∼(∼Jupin est malade . ∼Simon est en voyage),

qui est la négation de § 4(5). De même la proposition :

(4)   Jupin vient ou Simon reste ou Robert part,

(avec 'ou bien… ou bien', ou 'soit… soit' au lieu de 'ou', si l'on préfère) sera construite sous forme de négation de § 4(8), c'est-à-dire comme étant :

(5)   ∼(∼Jupin vient . ∼Simon reste . ∼Robert part),

qui est la négation de § 4(7). Cette proposition est vraie toutes les fois qu'une ou plusieurs de ses parties sont vraies ; et elle est fausse précisément dans le cas, où ses trois parties sont fausses toutes les trois.

Mais en langage usuel cette connexion est soumise à des usages contradictoires. L'emploi que nous venons de décrire correspond à 'ou' dans le sens *inclusif*, et avec ce sens un composé par 'ou' est vrai lorsqu'*un ou plus d'un* de ses composants l'est. Cependant, il arrive aussi que 'ou' soit pris dans un sens dit *exclusif*, et alors le composé par 'ou' ne sera vrai que si exactement un de ses composants l'est. Au sens inclusif, (1) est faux dans un seul cas que nous avons déjà noté, celui où ses parties (2) sont toutes les deux fausses, *i.e.* lorsque § 4(5) est vrai. Au sens exclusif, en revanche, (1) sera réputé faux dans ce cas et dans un autre encore : celui où les parties (2) sont toutes les deux vraies, *i.e.* lorsque § 3(1) est vrai. Donc, tandis que (1) pris au sens inclusif est vrai quand § 4(5) est faux, pris au sens exclusif, il est vrai si et seulement si § 3(1) et § 4(5) sont tous les deux faux. Tandis que (1) au sens inclusif équivaut à la négation de § 4(5), c'est-à-dire à (3), au sens exclusif il équivaut à la négation *conjointe* de § 3(1) et de § 4(5), c'est-à-dire à :

(6) ∼(Jupin est malade . Simon est en voyage) . ∼(∼Jupin est malade . ∼Simon est en voyage).

De même, alors que (4) au sens inclusif équivaut à (5), pris au sens exclusif, il équivaut au contraire à :

∼(Jupin vient . Simon reste) . ∼(Jupin vient . Robert part) . ∼(Simon reste . Robert part) . ∼(∼Jupin vient . ∼Simon reste . ∼Robert part).

L'ambiguïté de 'ou' est habituellement écartée, dans l'usage courant, en ajoutant les mots 'ou les deux' ou 'mais pas les deux' selon ce qu'on veut dire. Ainsi, le sens inclusif de (1), celui qui correspond à (3), s'exprimera sans équivoque par :

Jupin est malade ou Simon est en voyage ou les deux ;

et le sens exclusif de (1), celui qui correspond à (6), s'exprimera, également, sans équivoque, par :

(7) Jupin est malade ou Simon est en voyage, mais pas les deux.

Le sens inclusif de 'ou' est peut-être le plus fréquent. « Si un témoin d'un accident d'auto suppose que la direction était déréglée ou que le conducteur était ivre, et qu'en fait il est confirmé que la direction était déréglée et le conducteur ivre, nous ne considérerons pas que le témoin s'était trompé […]. Par ailleurs, l'utilisation très courante des expressions 'ou les deux' et 'et-ou' conduit à penser que l'interprétation exclusive de 'ou' est ordinairement présumée, car sinon ces précisions seraient absolument sans objet »[1]. Cependant, il sera utile de convenir que dans l'analyse des propositions 'ou' aura toujours le sens inclusif, sauf si le contraire est spécifié. Ainsi (1) sera automatiquement entendu au sens (3), et, quand on

1. *Mathematical Logic*, p. 12.

aura en vue le sens exclusif (8) plutôt que le sens inclusif (3), on le marquera par le libellé explicite (7) de préférence à (1).

Tout comme 'et' (*cf.* § 3), les connexions 'ou' et 'ni… ni' sont employées en langage usuel pour relier non seulement des propositions, mais aussi des noms, des verbes, des adverbes, etc. Ces emplois ne relèvent pas directement d'une étude comme la nôtre, qui porte sur la composition des propositions. En règle générale d'ailleurs (on l'a déjà noté à propos de 'et'), ces emplois ont pour seule raison d'être d'abréger les tournures dans lesquelles ces connexions interviendraient entre des propositions.

Exercices

1. Supposons que nous sachions que les propositions (2) ne sont pas toutes les deux vraies. Alors, si j'affirme (1), suis-je forcé de prendre 'ou' au sens exclusif? Et si je nie (l), suis-je forcé de prendre 'ou' au sens inclusif, ou bien est-il indifférent, dans l'état supposé de nos connaissances, de donner à 'ou' l'un ou l'autre sens?

2. Supposons maintenant que nous sachions que les propositions (2) *sont* toutes les deux vraies. Alors, si j'affirme (1), suis-je forcé de prendre 'ou' au sens inclusif? Et si je nie (1), suis-je forcé de prendre 'ou' au sens exclusif? A-t-on la possibilité, dans l'état supposé de nos connaissances, d'affirmer ou de nier (1)? Justifier vos réponses.

§ 6. 'MAIS', 'QUOIQUE', 'À MOINS QUE'

Aux § 4-5 nous avons appris comment trois connexions entre propositions, 'ni… ni', le 'ou' inclusif et le 'ou' exclusif '… ou… mais pas les deux' peuvent être paraphrasées en termes de 'et' et de 'non' ('.', '∼'). On voit donc que ces trois connexions entre propositions sont superflues d'un point de vue théorique ; car tout ce qu'on peut faire grâce à elles peut être fait avec la conjonction et la négation uniquement. Mais ces trois connexions ne sont pas les seules qui puissent être éliminées au profit de la conjonction et de la négation. C'est le cas aussi de 'mais' et de 'quoique'.

Ces mots, en tant que connexions entre des propositions, sont directement remplaçables par 'et'. Le composé :

(1)   Jupin est là mais Simon est malade,

ou encore :

(2)   Jupin est là quoique Simon soit malade,

équivalent simplement à :

(3)   Jupin est là et Simon est malade.

Les propositions (1) et (2) sont vraies exactement sous les mêmes conditions que (3) : elles sont réalisées lorsque leurs parties 'Jupin est là' et 'Simon est malade' sont toutes les deux vraies, et non réalisées sinon. On ne préfère 'mais' ou 'quoique' à 'et' que pour des raisons d'ordre rhétorique ; 'mais' sert ordinairement à souligner une opposition, et 'quoique' s'emploie quand cette opposition est assez forte pour créer une surprise. La simple opposition entre être là et être là-bas, dans la chambre du malade, nous conduit à utiliser 'mais' dans (1) ; tandis que si Jupin a l'habitude de tenir compagnie à Simon quand celui-ci est malade, nous emploierons de préférence 'quoique', comme dans (2). Le choix entre 'et', 'mais' et 'quoique' est donc sans incidence sur la valeur de vérité de la proposition résultante ; il en est en somme comme du choix de l'ordre entre les membres d'une conjonction (*cf.* § 3) ; en cette affaire, le choix obéit, ainsi que dans beaucoup de situations du même genre, à des critères rhétoriques. Les seules différences de signification qui importent en logique sont celles qui affectent la valeur de vérité d'une proposition. Au regard de l'analyse logique, 'mais' et 'quoique' peuvent donc être abandonnés au profit de 'et'.

Une autre connexion qui se révèle éliminable au profit de la conjonction et de la négation est 'à moins que'. Soit la proposition :

(4)   Dupont vendra à moins qu'il ait des nouvelles de vous.

Cela sera vérifié dans le cas où Dupont a des nouvelles de vous et ne vend pas. Ce sera aussi vérifié dans le cas où il n'a pas de nouvelles de vous et où il vend. Et cela sera faux dans le cas où il n'a pas de nouvelles de vous et cependant ne vend pas. Par conséquent (4) affirme que de deux éventualités, ou bien Dupont aura des nouvelles de vous, ou bien Dupont vendra, l'une se produira. Mais qu'en est-il du cas où les deux éventualités se produiraient, c'est-à-dire où il a des nouvelles de vous et où en outre il vend (il vous aura par exemple entendu dire qu'il fallait vendre) ? Devons-nous considérer que ce cas réalise (4) ? Dans l'affirmative, 'à moins que' équivaut au 'ou' inclusif, puisque (4) sera vrai toutes les fois qu'un de ses composants ou les deux sont vrais, et faux seulement lorsque ses deux composants sont faux. Au contraire, si nous considérons (4) comme faux lorsque Dupont a des nouvelles de vous et vend quand même, alors 'à moins que' équivaut au 'ou' exclusif, puisque (4) sera vrai précisément lorsque un et un seul de ses composants est vrai. Quiconque construit 'à moins que' avec ce sens, tournera probablement (3) dans le genre 'à moins qu'il ait des nouvelles de vous lui indiquant de ne pas le faire'.

Donc 'à moins que' semble correspondre à 'ou', et apparemment il en partage même l'ambiguïté entre le sens inclusif et le sens exclusif. Dans l'un et dans l'autre sens, 'à moins que' est éliminable au profit de la conjonction et de la négation, puisque nous avons vu, au § 5, comment on élimine 'ou', quel que soit son sens. Mais en travaillant sur des exemples, il sera expédient, comme on l'a fait à propos de 'ou' au § 5, d'éviter l'ambiguïté inhérente à l'usage courant en convenant d'entendre 'à moins que' dans le sens inclusif.

Entre 'à moins que' et 'ou', il n'est pas douteux qu'il y ait une différence d'ordre rhétorique, analogue à celle qu'on a relevée entre 'mais' et 'et'. Peut-être préférons-nous 'à moins que' à 'ou' quand nous avons l'impression que le premier des deux composants est plus important que le second, ou que le premier a plus de chances d'être vrai que le second, ou encore si les composants ont leur verbe au futur. Notons en passant qu'il y a une petite différence grammaticale entre 'à moins que' et 'ou', lorsqu'on les applique à des phrases au futur. Par exemple, si nous mettons 'ou' à la place de 'à moins que' dans (4), il nous faudra changer 'ait' en 'aura'. Dans une analyse logique, il est cependant plus simple de faire table rase de tout problème particulier concernant le temps, en posant que les différences dans le temps ne s'enregistreront que par des mentions explicites de date.

Exercice

Dans quelles circonstances semblerait-il naturel de remplacer 'ou' par 'à moins que', par 'mais', par 'quoique' dans :

> Il est à son bureau ou il est en train de déjeuner.

§ 7. 'SI'

Quand Toby s'exclame :

(1)   Si Hawkshaw m'a vu alors tout est perdu,

il ne dit pas que tout est perdu. Il n'estimera pas s'être trompé s'il se trouve qu'en fait Hawkshaw ne l'a pas vu et que tout n'est pas perdu. D'un autre côté il sera tout prêt à reconnaître s'être trompé, s'il se trouve que Hawkshaw l'a vu et que pourtant tout n'est pas perdu. La proposition (1) l'oblige seulement à exclure la vérité conjointe de 'Hawkshaw m'a vu' et de 'tout n'est pas perdu'. Cette proposition nous apprend l'incrédulité de Toby à l'endroit de la conjonction :

(2)   Hawkshaw m'a vu . ∼tout est perdu.

Ainsi, au lieu d'affirmer (1), il serait à même d'obtenir le même résultat en niant (2), comme ceci :

(3)   ∼(Hawkshaw m'a vu . ∼tout est perdu).

On pourrait donc se passer de la connexion propositionnelle 'si... alors' et ne conserver que conjonction et négation.

En théorie, la croyance de Toby que (1) est vrai, autrement dit que (2) est faux, peut s'expliquer de trois manières : Toby peut croire tout simplement que Hawkshaw ne l'a pas vu, ce qui suffit à falsifier la conjonction (2) ; il peut croire simplement que tout est perdu pour lui, car cela suffit encore à falsifier la conjonction (2) ; enfin, troisième explication, il peut n'avoir pas d'opinion sur ces deux points, mais croire en une relation causale ou en une loi générale, suivant laquelle être aperçu de Hawkshaw amène pour lui la catastrophe. En fait, cependant, ni la première ni la seconde des trois situations décrites ne fournissent de motif de nature à permettre d'affirmer (1) ; car dans la première, Toby économiserait sa salive et transmettrait plus d'information en se bornant à dire 'Hawkshaw ne m'a pas vu' ; dans la seconde, il aurait le même avantage à dire simplement 'tout est perdu'. Une proposition *conditionnelle*, *i.e.* de la forme 'si... alors', ne s'affirme ordinairement que dans les éventualités de la troisième espèce ; une conditionnelle ne devient objet d'affirmation que lorsqu'on ignore la valeur de vérité de ses composants.

Cet état de choses a conduit certains auteurs à critiquer la traduction des conditionnelles sous la forme illustrée par (3); une conditionnelle connoterait certaines relations psychologiques causales entre ses composants, alors que sa traduction dans la forme (3) n'en connote point. Mais l'objection est faible, car il n'y a pas plus de motifs pour affirmer (3) que pour affirmer (1) quand nous sommes en mesure d'affirmer ou de nier directement un seul des composants. Et (3), comme (1), sera en fait affirmé dans le cas seulement où on croit qu'il existe entre les composants une relation causale ou une loi générale. Pour (1) comme pour (3), le sentiment d'une telle relation entrera normalement dans la *motivation* de la proposition. S'il se trouve que Hawkshaw ait vu Toby sans le reconnaître, et s'il se trouve par ailleurs que pour Toby tout est fichu à cause d'une affaire de fraude fiscale qui n'a aucun rapport, la proposition de Toby sera vraie tout de même, par une pure coïncidence. Il aura tout simplement formulé une proposition vraie à partir de raisons qui sont fausses.

Le 'alors' de 'si… alors' est bien entendu redondant, comme le premier 'ou' de 'ou… ou…' (*cf.* § 5); donc (1) est exprimable d'une façon équivalente et peut-être même plus naturelle par :

(4)   Si Hawkshaw m'a vu, tout est perdu.

De plus, l'ordre des propositions dans une conditionnelle est dénué d'importance, pour autant du moins que 'si' introduit toujours le même composant. Ainsi (4) équivaut à :

(5)   Tout est perdu si Hawkshaw m'a vu,

mais non pas à :

(6)   Si tout est perdu, Hawkshaw m'a vu.

Le préfixe 'seulement si' est l'inverse de 'si'; introduire un des composants par 'seulement si' équivaut à introduire l'autre par 'si'. Par exemple, le composant :

(7)   Tout est perdu seulement si Hawkshaw m'a vu,

n'équivaut pas à (5), mais à (6). Car alors que (5) exclut le seul cas (2), (7) quant à lui exclut le seul cas :

(8)   Tout est perdu . ~Hawkshaw m'a vu.

Il arrive que les connexions 'si' et 'seulement si' soient employées ensemble, à la manière de :

(9)   Tout est perdu si et seulement si Hawkshaw m'a vu,

qui est évidemment une tournure rapide pour la conjonction de (5) et de (7). Puisque (5) se réduit à la négation (3) de (2), et que (7) se réduit parallèlement à la négation de (8), nous pouvons mettre (9) en symboles comme suit :

~(Hawkshaw m'a vu . ~tout est perdu) . ~(tout est perdu . ~Hawkshaw m'a vu).

Cette conjonction exclut les deux cas (2) et (8), c'est-à-dire précisément les deux cas où 'Hawkshaw m'a vu' et 'tout est perdu' diffèrent l'un de l'autre en valeur de vérité. Par suite (9) sera vrai précisément dans le cas où ses deux composants sont semblables en valeur de vérité, tous les deux étant vrais ou tous les deux étant faux. Alors que 'et' combine des propositions pour former un composé qui est vrai seulement lorsque ses deux composants sont vrais, et que 'ou' les combine de manière à former un composé qui est faux dans le cas seulement où les deux composants sont faux, la connexion complexe 'si et seulement si' les combine de manière à former un composé qui est vrai précisément dans le cas où ses composants s'accordent en valeur de vérité.

Il faut noter qu'il y a une abondance de locutions qui, souvent par simple souci de la variété du style, sont employées ordinairement pour tenir lieu de 'si'. Les plus fréquentes sont sans doute 'au cas où' et 'pourvu que'. En outre les locutions 'au cas précisément où' et 'au cas exactement où' sont synonymes de la connexion complexe 'si et seulement si'.

Exercice

Mettre en mots la proposition :

(i) ~(~La Renardière est un bon placement **.** ~Dupont
    s'est trompé dans ses prévisions),

en utilisant successivement 'si… alors', 'seulement si', 'à
moins que', 'ou', 'ni… ni'.

Note – Pour parvenir aux deux premières traductions, on
considérera l'une ou l'autre des deux négations figurant dans
(i) comme une unité, correspondant en sa totalité à l'un des
composants de (1) ou de (7).

§ 8. Conditionnelles générales
et conditionnelles irréelles

Les remarques du § 7 ne devraient pas obscurcir le fait que
la forme conditionnelle intervient également dans l'énoncé
des lois générales, tel :

(1)   Si une chose quelconque m'intéresse, alors elle ennuie
    Gustave.

La connexion intime entre l'action de m'intéresser et celle
d'ennuyer Gustave ne figure pas seulement dans la motivation
de (1), *i.e.* dans les raisons qui conduisent à affirmer (1),
comme le § 7 le peut faire penser, mais dans le contenu de (1);
car (1) affirme directement l'existence d'une connexion de ce
genre.

Le point est que le présent exemple (1), qu'on appellera si
on veut une conditionnelle *générale*, diffère foncièrement de
§ 7(1), et n'est pas une conditionnelle pure au sens de ce § 7.
On explicite mieux sa vraie nature en l'énonçant ainsi :

(2)   Quoi qu'on choisisse, si cela m'intéresse, alors cela
    ennuie Gustave.

Cette proposition a pour effet d'affirmer non pas une, mais une série illimitée de conditionnelles de la forme :

Si… m'intéresse, alors… ennuie Gustave.

Chacune de ces conditionnelles prises individuellement, par exemple :

Si le loto m'intéresse, alors le loto ennuie Gustave,

peut encore être analysée de la manière indiquée au § 7 :

~(le loto m'intéresse . ~le loto ennuie Gustave).

Dans (2) la relation entre le fait de m'intéresser et celui d'ennuyer Gustave est rendue non pas simplement par la construction 'si… alors', mais par la combinaison de cette construction avec le préfixe indicateur de la généralité 'quoi qu'on choisisse'. Ce dernier sera étudié plus loin (aux § 34-35), au titre de la *quantification*.

Un autre emploi de 'si', qui diffère foncièrement de celui considéré au § 7, est illustré par la proposition :

(3)   Si Hoover était actuellement président, les ÉtatsUnis auraient la guerre.

Ici les énoncés composants sont au mode conditionnel ; tandis que la conditionnelle courante au mode indicatif n'est, en règle générale, utilisée que quand on ignore si ses composants sont vrais ou faux (*cf.* § 7), les conditionnelles au mode conditionnel à la manière de (3) ne sont utilisées que quand on croit avec certitude que leur premier composant est faux. Si nous voulions analyser (3) dans le cadre du § 7, nous devrions définir trivialement la proposition tout entière comme étant vraie, rien qu'à cause de la fausseté de 'Hoover est actuellement président' ('actuellement' signifiant bien entendu : en 1940). Or cette analyse est insoutenable, car la vérité de (3) fournira facilement un thème politique qu'on discutera avec passion, sans que la connaissance du fait que Hoover n'est pas président et que les États-Unis n'ont pas la guerre puisse jamais fermer le débat.

Les procédés de composition des propositions étudiés aux § 3-7 sont de l'espèce des *fonctions de vérité*, en ce sens que la valeur de vérité du composé ne dépend à chaque fois que des valeurs de vérité de ses composants. Le remplacement d'un composant par une autre proposition douée de la même valeur de vérité n'affecte pas la valeur de vérité du composé. Au contraire, une conditionnelle irréelle de type (3) n'est pas une fonction de vérité; les valeurs de vérité de ses composants laissent non décidée la valeur de vérité du composé. Pour établir la vérité ou la fausseté de (3), nous ne tiendrons pas compte des valeurs de vérité bien connues de 'Hoover est actuellement président' et de 'Les États-Unis ont la guerre', pour nous attacher plutôt à analyser divers documents politiques, à noter des analogies historiques, et à mettre en lumière les lois causales d'ordre politique ou économique relatives à la question.

Au § 7 nous avons vu qu'une conditionnelle à l'indicatif peut toujours être analysée comme une fonction de vérité, c'est-à-dire construite comme fausse exactement dans le cas où celui de ses composants qui commence par 'si' est vrai, et où celui de ses composants qui commence par 'alors' est faux, et cela même quand l'affirmation de cette conditionnelle est motivée par la considération de certaines relations de causalité. Au contraire, dans le cas d'une conditionnelle irréelle, la valeur de vérité effective de la proposition tout entière dépend de ces relations causales, une conditionnelle étant vraie ou fausse suivant que ces relations sont ou non réalisées en fait.

On pourrait se débarrasser de ce genre de composition des propositions qui est aberrant par rapport à la composition au sens des fonctions de vérité, en disant que les énoncés au mode conditionnel ne sont pas des *propositions* (*cf.* § 2) et donc que leur réunion par 'si' comme dans (3) n'est tout bonnement pas un cas de composition de *propositions*. Mais d'un autre côté on serait en droit de soutenir qu'un tel argument n'est qu'un subterfuge de grammairien, et qu'on est justifié à regarder (3) comme un composé des propositions 'Hoover est (en 1940) président' et 'Les États-Unis ont la guerre'. On peut soutenir qu'ici la composition des propositions consiste non seulement à leur appliquer 'si', mais à appliquer 'si' et à faire passer les verbes au mode conditionnel.

Exercices

1. Récrire chacune des propositions suivantes sous forme de conditionnelle générale :

   (i)   Les hommes sont mortels.

   (ii)   Le Bon Dieu aide ceux qui s'aident eux-mêmes.

   (iii)   Tout le monde aime quiconque aime quelqu'un.

Pour chacune de ces conditionnelles générales, indiquer des conditionnelles ordinaires (analogues à celles du § 7) qui en soient des cas particuliers.

2. Les tours illustrés par les exemples (i)-(iii) équivalent à une conditionnelle générale. Imaginez d'autres tours du même genre.

§ 9. 'PARCE QUE', 'À CAUSE DE CELA', 'QUE'

En tout état de cause *il y a* des connexions entre propositions qui ne sont pas des fonctions de vérité et qui néanmoins s'appliquent à d'authentiques propositions au mode indicatif. 'Parce que' est l'une d'entre elles. La proposition :

(1)   Dupont prend de la quinine parce qu'il est atteint de malaria,

requiert pour être vraie que ses deux composants 'Dupont prend de la quinine' et 'Dupont est atteint de malaria' soient vrais; mais elle requiert en outre que soit vraie une certaine loi générale applicable à ces composants (*cf.* § 8). Relier des propositions vraies par 'parce que' donne tantôt un résultat vrai, tantôt un résultat faux; pour qu'un composé par 'parce que' soit vrai, il ne faut pas seulement que ses composants le soient, il faut aussi qu'une certaine relation causale existe entre les événements que décrivent ses composants.

D'autres connexions susceptibles d'être utilisées avec le même sens que 'parce que' sont 'car' et 'puisque'; une autre, qui a le même sens quand on renverse l'ordre des propositions, est 'et à cause de cela'. Un équivalent par lequel nous pourrions rendre (1) serait:

(2)   Dupont est atteint de malaria et à cause de cela il prend de la quinine.

Cette version a l'avantage de faire ressortir l'élément 'fonction de vérité' qui entre dans la proposition (1). Si l'on omet 'à cause de cela', (2) exige simplement, pour être vrai, que 'Dupont est atteint de malaria' et que 'Dupont prend de la quinine' soient vrais; en insérant 'à cause de cela', on ajoute l'exigence, irréductible à une fonction de vérité, d'une relation causale.

Cet élément, étranger aux fonctions de vérité, dont l'adjonction distingue 'et à cause de cela' ou 'parce que' de 'et', est fondamentalement différent de l'élément purement rhétorique par lequel 'mais' et 'quoique' se distinguent de 'et' (*cf.* § 6). Employer 'mais' ou 'quoique' au lieu de 'et' accroîtra ou diminuera éventuellement le caractère naturel d'une proposition; cela ne changera jamais sa valeur de vérité. Au contraire, l'emploi de 'et à cause de cela' ou de 'parce que' au lieu de 'et' pourra changer une assertion vraie en une assertion fausse.

Le mot 'que' représente une autre anomalie par rapport au type 'fonctions de vérité'. Ce mot engendre des composés dont

les valeurs de vérité varient indépendamment des valeurs de
vérité des propositions qui y interviennent. Les propositions :

> Dupont croit que Paris est en France,
> Dupont croit que Punakha est au Bhoutan,

seront respectivement vraies ou fausses tout vrais que sont en
fait les composants 'Paris est en France' et 'Punakha est au
Bhoutan', tandis que les propositions :

> Dupont croit que Punakha est au Népal,
> Dupont croit que Paris est au Japon,

seront respectivement vraies ou fausses, tout faux que sont les
composants 'Punakha est au Népal' et 'Paris est au Japon'. On
ferait des constatations analogues en remplaçant 'croit' par
'doute', 'dit', 'nie', 'regrette', 'est étonné', etc.

On ne trouve nulle part, dans l'édifice de la logique
usuelle, d'analyse systématique de la composition des propositions pour les cas où les propositions composées ne sont pas
des fonctions de vérité des propositions composantes. Nulle
part n'y sont développées de techniques générales permettant
de déterminer la valeur de vérité de fonctions composées qui
ne seraient pas des fonctions de vérité. Chaque exemple particulier pose plutôt ses problèmes propres et demande un traitement propre. Dans chaque cas isolé l'analyse consiste en une
élimination : on montrera comment la fin à laquelle sert la
proposition composée donnée, lorsque celle-ci n'est pas une
fonction de vérité, aurait aussi bien pu être atteinte moyennant
des composés qui sont des fonctions de vérité et, en plus,
l'emploi de mécanismes logiques supplémentaires qui tombent
complètement en dehors du champ de la composition des
propositions (par exemple, une conditionnelle générale à la
manière du § 8, ou encore une implication au sens des § 26-27,
43, 46 ci-dessous). Il faut espérer que toute proposition composée utile et qui n'est pas une fonction de vérité est éliminable

de l'une quelconque de ces façons ; encore que la façon précise
d'effectuer l'élimination soit destinée à varier non seulement
d'un composé envisagé à l'autre, mais aussi d'un contexte à
l'autre et d'une situation concrète à une autre. Le fait est que la
rigueur et la précision d'une discipline scientifique se mesu-
rent en partie à ce qu'elle comporte moins de propositions qui
ne sont pas des fonctions de vérité. Sur le plan théorique,
l'élimination de ce genre d'énoncés de l'édifice des mathématiques pures a été réalisée depuis déjà longtemps.

Après ce commentaire général, nous quittons le sujet de la
composition des propositions quand elle n'est pas une fonction
de vérité des composants. Tout progrès sensible en ce domaine
suppose qu'on ouvre de nouvelles voies ou qu'on surmonte
des obstacles anciens, l'un de ceux-ci n'étant rien de moins
que le problème philosophique de la causalité.

Exercice

Construire un composé par 'et' qui soit vrai mais qui
devienne faux quand 'et' est changé en 'parce que'. En
construire un autre qui reste vrai quand 'et' est changé en
'parce que', mais qui devienne faux quand 'et' est changé, en
'et à cause de cela'.

§ 10. LA RÉDUCTION À CONJONCTION ET NÉGATION

On a vu (§ 3-7) que les types de composition des
propositions par les fonctions de vérité considérés jusqu'ici,
admettent une paraphrase en termes de conjonction et de négation seulement. En réalité ceci est même vrai de tous les types
de composition possibles des propositions par des fonctions de
vérité. Pour autant qu'une proposition est construite à partir de
propositions au moyen de fonctions de vérité, autrement dit

pour autant que le remplacement de l'un quelconque de ses composants par une autre proposition douée de la même valeur de vérité n'affecte pas la valeur de vérité du composé, nous pouvons transformer cette proposition tout entière en une proposition équivalente construite à partir de ces mêmes composants et qui ne fera intervenir que la conjonction et la négation[1]. Par conséquent nous pouvons considérer la conjonction et la négation comme les seuls mécanismes de base en matière de fonctions de vérité. Et nous pouvons exiger, préalablement à toute analyse logique d'un composé qui est une fonction de vérité, que ce composé soit d'abord paraphrasé en termes de ces deux mécanismes de base. L'avantage sera qu'en exposant les méthodes annoncées au § 2, nous n'aurons à prendre en compte que la conjonction et la négation.

Si l'on nous donne un composé construit à partir de ses composants par l'emploi répété de 'et', 'non', 'ou', 'si… alors', 'à moins que', etc., nous n'avons qu'à paraphraser chacune de ces connexions une par une suivant les prescriptions des § 3-7 ; finalement, il ne restera que le '.' de la conjonction et le '~' de la négation. Soit, par exemple, le cas complexe (5) du § 2. Si nous prenons pour ses sept composants § 2 (6)-(12) les abréviations 'J', 'M', 'A', 'p', 'D', 'R', 'C', alors (5) du § 2 sera :

(1)   Si J ou M alors ni A ni P et D à moins que R et C.

Mais au § 7 nous avons disposé qu'un composé de la forme 'si p alors q' ('p' et 'q' étant remplacés par des propositions quelconques) sera paraphrasé en '$\sim(p \,.\, \sim q)$'. Donc (1), qui est de la forme 'si p alors q', devient :

(2) $\sim$(J ou M . $\sim$ni A ni P et D à moins que R et C).

---

1. *Mathematical Logic*, § 8-9.

Ensuite, l'élimination de 'ou', étape suivante, s'effectue en employant le §5 qui nous a montré que 'J ou M' donne '~(~J . ~M)' :

(3)   ~(~(~J . ~M) . ~ni A ni P et D à moins que R et C).

La partie qui reste encore en mots a la forme 'p à moins que q', où 'p' représente 'ni A ni P et D' et où 'q' représente 'R et C'. Mais d'après le §6, 'p à moins que q' a le même développement que 'p ou q', à savoir ~(~p . ~q), puisque nous adoptons le sens inclusif. Par suite (3) devient :

(4)   ~(~(~J . ~M) . ~~(~ni A ni P et D . ~R et C))[1].

Or 'ni p ni q' donne, d'après le §4, '~p . ~q' ; et ainsi 'ni A ni P et D' devient '~A . ~P et D'.

(5)   ~(~(~J . ~M) . ~~(~(~A . ~P et D) . ~R et C)).

Remarquons que la conjonction '~A . ~P et D' doit être mise entre parenthèses dans (5), car c'est la conjonction qui est affectée du signe de négation ; or, les parenthèses font normalement partie de la notation de la négation lorsque celle-ci porte sur une conjonction (*cf.* §4). Enfin, 'P et D' et 'R et C' seront finalement rendus en symboles par les conjonctions 'P . D' et 'R . C', lesquelles à leur tour seront munies de parenthèses, car un signe de négation porte sur elles. La traduction de (1) en termes de '.' et de '~' est donc terminée :

(6)   ~(~(~J . ~M) . ~~(~(~A . ~(P . D)) . ~(R . C))).

Exercice

Lorsque nous sommes passé de (3) à (4), nous avons pris 'à moins que' au sens inclusif. Si au lieu de cela nous lui donnions le sens exclusif, quel résultat obtiendrions-nous à la place de (4)-(6) ?

---

1. Remarquer que la dernière occurrence de '~' porte sur 'R et C' tout entier, et non pas seulement sur 'R'. Ce point sera encore repris au § 13.

§ 11. Du Groupement

Une grande supériorité de notre notation technique, telle qu'elle apparaît dans (6) du § 10, par comparaison avec le langage usuel de § 10(1) ou de § 2(5), est la manière systématique et univoque dont le groupement y est indiqué par les parenthèses. La déficience du langage usuel sous ce rapport est illustrée par le membre de phrase 'pretty little girls' camp' [1].

Quand nous paraphrasons dans nos symboles un composé complexe tel § 10(1), nous devons, presque à chaque étape, prendre une décision concernant le groupement ou l'association des propositions. Ainsi, en passant de § 10(4) à § 10(5), nous devons décider si nous construirons le composé :

(1)   ni A ni P et D,

en considérant qu'il a été formé à partir de 'A' et de 'P et D' au moyen de 'ni... ni', ou bien en considérant qu'il a été formé à partir de 'ni A ni P' et de 'D' au moyen de 'et'. Ces deux versions ne sont absolument pas équivalentes. Dans la première de ces versions, (1) est, vrai lorsque 'A' et 'P et D' sont tous les deux faux, et donc toutes les fois que 'A' et au moins l'une des deux propositions 'P' et 'D' sont faux. Dans la seconde au contraire, (1) est vrai exactement dans le cas où 'ni A ni P' et 'D' sont vrais tous les deux, et donc exactement dans le cas où 'A' et 'P' sont tous les deux faux et où 'D' est vrai. Avec la première version, (1) donne '~A . ~(P . D)' ; avec la seconde, (1) donne la conjonction à trois membres '~A . ~P . D'.

---

1. [[Il s'agit d'un groupe nominal susceptible de trois structures différentes, et en même temps de trois sens distincts, suivant la manière dont on y associe les mots ; en prenant 'pretty' adverbialement, Quine y trouve encore deux sens et deux groupements supplémentaires possibles. *Cf.* 'World population congress' qui signifie aussi bien 'Congrès mondial de la population' que 'Congrès de la population mondiale'. Un degré d'ambiguïté aussi élevé que celui de l'exemple donné par Quine est rare en français.]]

En fait, nous avons choisi la première version lorsque au § 10 nous avons transcrit (4) en symboles sous la forme (5). Ce choix n'avait pas été arrêté arbitrairement mais en tenant compte d'un indice visible : dans le libellé de (5) du § 2, les parties 'P' et 'D' se chevauchent dans le membre de phrase 'ni les présidents ne se réuniront et annonceront des dividendes' ; par suite, il est évident que ces parties vont ensemble et forment une conjonction gouvernée *en bloc* par 'ni'.

Une décision du même genre a dû être prise en passant de (3) à (4) au § 10 : fallait-il construire le composé :

(2)   ni A ni P et D à moins que R et C,

en le considérant comme formé à partir de (1) et de 'R et C' au moyen de 'à moins que', ou bien en le considérant comme formé à partir de 'A' et de 'P et D à moins que R et C' au moyen de 'ni… ni'. La question est de savoir si le membre de phrase qui suit 'à moins que' dans (5) du § 2 doit être regardé comme une restriction portant sur tout ce qui vient après 'alors' ou bien comme une restriction qui ne porte que sur le segment qui vient après le second 'ni'. Un tel choix ne peut être opéré judicieusement qu'après avoir lu la proposition donnée en essayant de la bien comprendre et en faisant une hypothèse sur les intentions les plus vraisemblables de son auteur supposé. Quand le choix est difficile, c'est que la proposition est ambiguë. Tel est le cas présentement. En paraphrasant (3) en (4) au § 10, on a choisi le premier terme de l'alternative indiquée ; mais il aurait été tout aussi raisonnable de choisir l'autre possibilité.

Une décision concernant le groupement avait encore à être prise dès le début, lorsqu'on est passé de § 10(1) à § 10(2). Il s'agissait de décider s'il fallait construire (1) du § 10 comme une proposition de forme 'si *p* alors *q*', avec '*p*' correspondant à 'J ou M' et '*q*' correspondant au reste de la phrase, ou bien comme une proposition de forme '*p* à moins que *q*' avec '*p*' correspondant à 'si J ou M alors ni A ni P et D', et '*q*' correspondant à 'R et C'. Autrement dit nous avons à opter entre les deux versions suivantes de (5) du § 2 : dans la première, le membre de phrase introduit par 'alors' s'étend sans obstacle jusqu'à la fin, et le membre de phrase introduit par 'à moins que' détermine seulement ce qui vient après 'alors' ; dans la seconde version, le membre de phrase introduit par 'alors' ne s'étend que jusqu'à 'à moins que', et la clause introduite par 'à moins que' porte sur tout ce qui vient après 'si'. Mais le lecteur nous accordera sans doute, en relisant (5) du § 2, que la première option est plus naturelle ; il est naturel de considérer que l'hypothèse 'si Jupin est malade ou Michu en voyage' porte sur tout le reste de l'énoncé.

§ 12. DES INDICATIONS POUR GROUPER LES COMPOSANTS FOURNIES PAR LES MOTS

Dans le langage usuel, on est obligé parfois de deviner à quel groupement l'auteur a pensé, comme on l'a remarqué au § 11, parfois d'inférer ce groupement sans disposer d'aucune méthode générale, en s'aidant de quelques indices. On a mentionné un exemple d'indice de cet ordre à l'alinéa 3 du § 11 ; il en existe d'autres.

L'expression 'si… alors' ne laisse subsister aucune ambiguïté dans le groupement des propositions, du moins en ce qui concerne les limites du premier composant, car celui-ci nécessairement commence à 'si' et finit à 'alors'. Le cas de 'ni… ni' est exactement le même, celui de 'ou bien… ou bien' analogue. Ceci explique sans doute pourquoi 'ou bien… ou bien' est communément employé de préférence à 'ou', qui est pourtant plus court. Soit par exemple le composé suivant, qui est irrémédiablement ambigu :

(1)   Jupin arrive et Simon reste ou bien Robert part.

Il peut se construire soit comme le résultat de la coordination par 'ou' de 'Jupin arrive et Simon reste' d'une part, et de 'Robert part' de l'autre, soit comme le résultat de la coordination par 'et' de 'Jupin arrive' d'une part, et de 'Simon reste ou Robert part' de l'autre. Or ces deux versions ne sont absolument pas équivalentes. Mais grâce à 'ou bien… ou bien', il devient possible d'indiquer qu'on privilégie la première version :

(2)   Ou bien Jupin arrive et Simon reste ou bien Robert part,

ou qu'on privilégie la seconde :

(3)   Jupin arrive et ou bien Simon reste ou bien Robert part.

Puisque le premier composant d'un composé par 'ou bien… ou bien' doit comprendre tout ce qui s'étend entre le premier 'ou bien' et le second, mais rien de plus, (2) et (3) sont sans ambiguïté. Les locutions 'et les deux', 'et à la fois', contribuent d'une manière analogue à dissiper l'ambiguïté d'un composé par 'et'.

Des tours explétifs, tels 'il est vrai que', 'le fait est que', repris éventuellement par un autre 'que', suggéreront aussi, à l'occasion, un certain groupement. Ainsi l'ambiguïté de :

(4)   Jupin arrive ou Simon reste et Robert part,

sera résolue si l'on écrit :

(5)   Le fait est que Jupin arrive ou Simon reste et que Robert part.

En remarquant que les deux 'que' dans (5) sont sûrement mis sur le même plan, et en notant en outre que le second membre introduit par 'que' est nécessairement un second composant du composé par 'et', nous concluons que le premier membre introduit par le premier 'que' est l'autre composant du composé par 'et' : il va donc jusqu'à 'et'. C'est ce qui nous conduit à construire le tout comme la conjonction de 'Jupin arrive ou Simon reste' avec 'Robert part'. Le groupement voulu dans (5) peut être encore rendu plus évident, si on ajoute 'et' entre 'le fait est' et le premier 'que'.

Il arrive que l'expression 'il n'est pas vrai que', fonctionnant comme un succédané de 'non', suggère un groupement rien que par sa lourdeur. Ainsi, le composé :

> Jupin arrive mais il n'est pas vrai que Simon reste et que Robert part,

doit visiblement être construit comme un composé par 'mais' ou une conjonction, dont le premier composant est 'Jupin arrive' et dont le second composant est la négation de 'Simon reste et Robert part'. La lourdeur du tour 'il n'est pas vrai que' indique que cette locution est censée gouverner le long membre de phrase 'Simon reste et Robert part', plutôt que le membre court 'Simon reste'.

D'autres particules apparemment inactives ou explétives peuvent, par leur lourdeur, avoir ce même effet de faire entendre un groupement particulier. Par exemple, l'insertion de 'de plus' ou de 'aussi' après 'et', celle de 'alors' après 'ou'. La version (5) du composé ambigu (4) aurait pu être exprimée très heureusement par :

(6)   Jupin arrive ou Simon reste et de plus Robert part,

et l'autre version de (4) par :

(7)   Jupin arrive, ou alors Simon reste et Robert part.

Étant donné que les connexions 'et de plus', 'ou alors' indiquent une coupure plus forte que 'ou' et 'et', nous avons tendance à comprendre (6) comme un composé par 'et' dont le premier composant est un composé par 'ou', et à comprendre (7) comme un composé par 'ou' dont le second composant est un composé par 'et'.

Exercice

Indiquer laquelle des traductions :

(i)   ~(~(Rutgers gagnera le fanion . Hobart sera second)
       . ~Rzymski sera disqualifié),

(ii)   Rutgers gagnera le fanion . ~(~Hobart sera second .
       ~Rzymski sera disqualifié),

vous paraît la manière la plus vraisemblable de rendre le sens
de :

(iii) Rutgers gagnera le fanion et Hobart sera second à
       moins que Rzymski soit disqualifié.

Ou bien faut-il estimer que (iii) est définitivement ambigu ?
Essayer de trouver pour (i) et pour (ii) des versions en langage
courant qui soient sans ambiguïté.

§ 13. LA PARAPHRASE EN PROCÉDANT VERS L'INTÉRIEUR D'UN COMPOSÉ

La traduction d'un composé complexe tel (5) au § 2, en
termes de conjonction et de négation, consiste en partie, nous
l'avons vu, à discerner quels groupements ont été voulus. Mais
une fois un mode de groupement arrêté, en fonction d'indications fournies par les mots ou à vue de nez, il nous reste à
veiller à ce que ce groupement soit conservé dans la traduction
finale. Par exemple avant de passer au § 10 de (1) à (2), nous
avons décidé d'analyser le segment :

(1)   ni A ni P et D à moins que R et C

de § 10(1), comme une unité individuelle correspondant au 'q'
de 'si p alors q'. Compte tenu de cette décision, en appliquant
la règle en vertu de laquelle 'si p alors q' se présente sous la
forme '~(p . ~q)', nous avons traduit § 10(1) en la forme
§ 10(2), dans laquelle le signe de négation '~' porte sur (1) du
présent §. Il importe de se souvenir ensuite que ce signe de

négation porte sur (1) pris comme un tout, exactement comme le signe de négation de '$\sim q$' dans '$\sim(p \cdot \sim q)$' porte sur 'q' pris comme un tout. De toute évidence nous commettrions une erreur si dans les étapes suivantes nous traitions le segment :

(2) $\sim$ni A ni P et D à moins que R et C

de (2) du § 10, comme s'il était construit au moyen de 'à moins que' à partir de '$\sim$ni A ni P et D' et de 'R et C', puisqu'il a été construit au moyen de '$\sim$' à partir de (1) pris comme un tout.

Une précaution analogue est nécessaire après le passage de (3) à (4), § 10. Ce passage suppose que l'on analyse (1) ci-dessus comme étant de la forme 'p à moins que q', 'q' répondant à 'R et C'. La règle en vertu de laquelle 'p à moins que q' se présente sous la forme '$\sim(\sim p \cdot \sim q)$' a pour effet que 'R et C' pris comme un tout tombe sous un signe de négation qui correspond au signe de la négation de '$\sim q$' dans '$\sim(\sim p \cdot \sim q)$'. Nous commettrions donc une erreur si dans les étapes suivantes nous traitions le segment, '$\sim$R et C' de (4) § 10 comme s'il était la conjonction de '$\sim$R' et de 'C' plutôt que la négation de 'R et C'.

On évitera ce genre de confusion en se conformant fidèlement à ce principe de conduite simple : *Paraphraser d'abord la connexion principale du composé tout entier; paraphraser ensuite la connexion principale d'un segment continu du texte en mots, segment que délimitent des signes logiques; répéter cette opération tant qu'il reste des expressions verbales de composition des propositions.* Par 'signes logiques', on n'entend ici que '$\sim$', '$\cdot$', et les parenthèses '(' et ')'. Un segment continu de texte en mots (*i.e.* de texte qui ne contient pas de signes logiques) est dit *délimité* par des signes logiques s'il est arc-bouté sur des signes logiques à ses deux extrémités, ou bien si une de ses extrémités est appuyée à un signe logique, son autre extrémité étant soit le début soit la fin de son contexte tout entier.

Ainsi, dans l'exemple du § 10, nous commençons par isoler la connexion principale de (1), § 10, soit 'si... alors'. Nous construisons § 10(1) pris dans son entier, comme ayant la forme 'si *p* alors *q*'. Puis nous le traduisons en § 10(2) en suivant la règle de traduction de 'si *p* alors *q*' en conjonction et négation. Nous prenons ensuite un segment verbal continu de (2) § 10, qui soit borné par des signes logiques, et nous paraphrasons sa connexion principale; en l'espèce nous prenons 'J ou M', qui dans (2) § 10 est borné par les signes logiques '(' et '.'. Cette étape nous conduit à § 10(3). À la troisième étape nous choisissons un segment verbal continu de § 10(3), segment qui est (1) de notre présent §, lequel dans § 10(3) est borné par des signes logiques (qui sont '∼' et ')'), et nous paraphrasons sa connexion principale, ce qui nous fait passer à § 10(4). Nous continuons ainsi jusqu'à § 10(6), et finalement nous arrivons à § 10(6). Ici, l'ordre de la seconde et de la troisième étape aurait pu aussi bien être inversé, du moins pour ce qui touche à notre principe de conduite. Mais il nous empêche, par exemple, de traduire le segment verbal 'ni A ni P et D' avant le segment plus long (1); en effet, ce segment plus court ne sera pas délimité par des signes logiques avant le niveau (4) § 10, et alors seulement il sera mûr pour être traduit. C'est ce qui exclut automatiquement l'erreur qui consiste à construire (2) comme un composé de '∼ni A ni P et D' et de 'R et C' par 'à moins que'. Notre principe de conduite exige que nous traduisions le segment verbal (1) de (2) § 10 en le prenant comme un tout; et le '∼' initial de (2) se comporte comme une partie inerte du contexte, il ne joue aucun rôle dans la traduction de l'intérieur de (1).

L'erreur qui consisterait à traiter le '∼R et C' de (4) du § 10 comme une conjonction de '∼R' et de 'C' est de même exclue automatiquement. Notre principe de conduite veut que nous traduisions le segment *verbal* 'R et C' et non pas le segment '∼R et C', lequel est moitié en mots, moitié en symboles; le '∼'

initial de '~R et C' reste une partie inerte du contexte, comme le '~' de (2).

Ainsi, en général, notre principe de conduite pourvoit automatiquement à ce qu'un segment verbal continu délimité par des signes logiques soit traité comme une unité individuelle; par exemple, le segment 'R et C' de (4) § 10 est automatiquement traité comme une unité individuelle gouvernée par '~', et il en est de même pour le segment (1) qui figure dans (2) du § 10.

Mais le principe, suivant, qui est illustré par les dernières étapes du § 10, est également important : *En paraphrasant un segment verbal en une conjonction écrite avec un symbole, mettre le tout entre des parenthèses dans le cas où ce tout figure immédiatement après* '~'. Si en paraphrasant le 'R et C' de § 10(5) en 'R . C', nous avions omis d'enclore ce segment dans des parenthèses, le système de protection exposé dans l'alinéa précédent n'aurait pas joué, car '~R . C' est justement la version de '~R et C' que nous désirions écarter. Le cas est analogue pour le 'P et D' de (5) du § 10, et aussi pour le 'ni A ni P et D' de (4) du § 10; l'un se présente sous la forme '(P . D)', l'autre sous la forme '(~A . ~P et D)', des parenthèses extérieures étant indispensables dans chaque cas, à cause du '~' qui précède.

Exercices

1. Quels sont, parmi les suivants, ceux qui deviennent indiscernables par traduction en termes de conjonction et négation :

> Si ce lac ne se déverse pas vers le nord, alors nous sommes dans le bassin de l'Amazone, mais non pas au Brésil.

> Ce lac se déverse vers le nord ou alors nous sommes dans le bassin de l'Amazone, mais non pas au Brésil.

Il n'est pas vrai à la fois et que ce lac ne se déverse pas vers le nord et que si nous sommes dans le bassin de l'Amazone nous sommes au Brésil.

2. Traduire les suivants en termes de conjonction et négation :

Jones vendra sa voiture et hypothéquera son appartement à moins que la récente campagne de vente par correspondance brise le monopole Dripsweet et rétablisse la concurrence.

Si les montagnards font les mauvais esprits et que les colons se plaignent de nouvelles incursions, alors la frontière sera ramenée à Thorpeport ; mais le port lui-même restera sous le commandement de la Junte à moins que vienne un autre ordre du ministère des Colonies.

II
LES TRANSFORMATIONS DES FONCTIONS
DE VÉRITÉ

§ 14. DE LA SUBSTITUTION DANS LES SCHÉMAS
FONCTIONNELS [1]

Parmi les diverses expressions logiques (§ 1), certaines seulement nous ont occupé jusqu'ici, à savoir les connexions entre propositions, et plus spécialement celles qui sont des fonctions de vérité. Le patron sur lequel les composants d'une proposition composée sont cimentés ensemble par ces connexions, sera appelé *structure de fonction de vérité* [[ou brièvement *structure fonctionnelle*]] de ce composé. Donc la structure fonctionnelle est une partie de la structure logique (§ 1). Ainsi, de même qu'on a appelé logiquement vraies les propositions qui sont vraies en vertu de leur structure logique seulement (§ 1), on appellera *vraies au sens des fonctions de vérité* les propositions qui sont vraies en vertu de leur structure fonctionnelle seulement. Par suite, la vérité au sens des fonctions de vérité est un cas particulier de la vérité logique. Nous pouvons parler de la même manière d'équivalence ou d'implication au sens des fonctions de vérité, en tant que cas

---

1. [[« Truth-functional schemata », *i.e.* schémas de fonctions de vérité, d'où brièvement schémas fonctionnels, puisque aucune confusion n'est possible, les seules fonctions dont il est traité dans ce livre étant des fonctions de vérité.]]

particuliers de l'équivalence ou de l'implication logiques[1]. Ces notions ont encore à être précisées et les mécanismes correspondants à être développés. Il faut des mécanismes, par exemple, pour transformer des propositions composées en d'autres propositions de composition différente, auxquelles les premières seront équivalentes en tant que fonctions de vérité. Lorsque les nouveaux composés sont plus simples ou plus clairs que les anciens, des mécanismes de ce genre sont d'une utilité pratique évidente.

Le traitement des structures fonctionnelles est facilité lorsqu'on emploie les lettres 'p', 'q', etc., au lieu des propositions, dans le style 'si p alors q' ou '$\sim(p \cdot \sim q)$', déjà pratiqué aux § 10-13. Ce procédé sert à mettre en évidence la structure d'un composé, en faisant abstraction de toute signification particulière de ses composants, étant donné que ces lettres ne désignent rien par elles-mêmes. Ainsi '$\sim(p \cdot \sim q)$' représente la structure fonctionnelle commune des deux composés :

> $\sim$(les trois glaces sont d'époque $\cdot$ $\sim$le bahut a de la valeur),
> $\sim$(aucun avis n'a été mis à la poste $\cdot$ le propriétaire est responsable).

L'un de ces composés est obtenu de '$\sim(p \cdot \sim q)$' par substitution de 'les trois glaces sont d'époque' à 'p', et de 'le bahut a de la valeur' à 'q'. L'autre est obtenu de '$\sim(p \cdot \sim q)$' par une substitution différente.

Les lettres sans indice 'p', 'q', 'r' et 's', ou bien avec indice : 'p_1', 'p_2', 'q_1', 'q_n', seront dites *lettres de proposition*; ces lettres, ainsi que toutes les expressions constructibles à partir d'elles au moyen de la conjonction et de la négation, seront appelées *schémas fonctionnels*. Ainsi, les schémas

---

1. Dans *Mathematical Logic*, le vrai au sens des fonctions de vérité est appelé tautologie, et l'équivalence et l'implication au sens des fonctions de vérité sont appelées équivalence et implication tautologiques.

fonctionnels incluent les expressions 'p', 'q' '$\sim p$', '$\sim\sim p$', '$p \cdot q$', '$p \cdot p$', '$\sim p \cdot q$', '$p \cdot \sim q \cdot r$', '$\sim(p \cdot \sim q)$', '$\sim(\sim(p \cdot q) \cdot r)$'. On n'attachera pas de sens à ce genre d'expressions : elles ne servent que de diagrammes, lorsqu'on procède à des analyses générales sur la structure des fonctions de vérité.

La notion de substitution à laquelle nous faisions allusion plus haut recevra une formulation plus précise en passant par une notion auxiliaire, celle d'*introduction*. L'introduction d'une proposition ou d'un schéma fonctionnel S dans une occurrence donnée d'une lettre de proposition L à l'intérieur d'un schéma quelconque, consiste simplement à mettre S à la place de cette occurrence de L, après avoir enclos S dans des parenthèses lorsque S est une conjonction et que L est immédiatement précédée par '$\sim$'. Par exemple l'introduction du schéma '$\sim(p \cdot \sim q)$' dans la seconde occurrence de 'q' à l'intérieur de '$q \cdot \sim(\sim r \cdot q)$' donne :

$$q \cdot \sim(\sim r \cdot \sim(p \cdot \sim q));$$

d'un autre côté, l'introduction de '$p \cdot \sim q$' dans la seconde occurrence de 'q' à l'intérieur de '$q \cdot \sim(\sim r \cdot \sim q)$' donne le même résultat. L'introduction de la proposition 'Jupin est malade' dans l'occurrence de 'p' à l'intérieur de '$\sim p$' donne '$\sim$Jupin est malade'. L'introduction de :

(1)   Jupin est malade $\cdot$ Michu est en voyage,

dans l'occurrence de 'p' à l'intérieur de '$\sim p$' donne :

(2) $\sim$(Jupin est malade $\cdot$ Michu est en voyage).

L'introduction de 'Jupin est malade' dans l'occurrence de 'q' à l'intérieur de '$\sim(p \cdot \sim q)$' donne :

(3) $\sim(p \cdot \sim$Jupin est malade$)$,

qui se trouve n'être ni une proposition, ni un schéma fonctionnel. L'introduction d'une proposition peut donner soit une proposition, soit une expression hybride comme (3).

La *substitution* de propositions ou de schémas à des lettres, à l'intérieur d'un schéma *S* donné, consiste à introduire ces propositions ou ces schémas dans les occurrences des lettres en question, en observant les règles : (a) *ce qui est introduit dans l'occurrence d'une lettre sera introduit dans toutes les autres occurrences de cette lettre à l'intérieur de S*, et (b) *le résultat final sera une proposition ou un schéma fonctionnel*.

Ainsi la substitution de 'Jupin est malade' à '*p*' et de 'Michu est en voyage' à '*q*' dans le schéma '*p* . ∼(*p* . *q*)' donne la proposition :

(4)   Jupin est malade . ∼(Jupin est malade . Michu est en voyage).

La substitution de 'Jupin est malade' à '*p*' et de (2) à '*q*' dans '*p* . *q*' donne également (4) ; et la substitution de 'Jupin est malade' à '*p*' et de (1) à, '*q*' dans '*p* . ∼*q*' donne aussi (4). La substitution de 'Jupin est malade' à '*p*', de 'Jupin est malade' à '*q*' et de 'Michu est en voyage' à '*r*' dans '*p* . ∼(*q* . *r*)' donne encore (4). On voit qu'il n'y a pas de règle qui interdise de substituer la même proposition 'Jupin est malade' à des lettres '*p*' et '*q*' distinctes. En revanche, on ne peut pas obtenir (4) par substitution dans '*p* . ∼(*p* . *p*)' ; l'introduction de 'Jupin est malade' dans deux des occurrences de '*p*', et de 'Michu est en voyage' dans une troisième, ne tombe pas dans la catégorie des substitutions, eu égard à la condition (a).

La proposition :

Jupin est malade . ∼Jupin est malade . Michu est en voyage,

ne peut pas non plus s'obtenir par substitution dans '*p* . ∼*q*' ; car le remplacement de '*q*' par (1) sans adjonction de parenthèses n'est pas une introduction.

La substitution de schémas est analogue à celle de propositions. La substitution du schéma '$p \cdot q$' à 'p' et du schéma 'r' à 'q' dans '$p \cdot \sim(p \cdot q)$', par exemple, donne le schéma :

(5) $p \cdot q \cdot \sim(p \cdot q \cdot r)$.

La substitution de schémas à des lettres change les schémas en schémas, et la substitution de propositions à des lettres change les schémas en propositions.

La *substitution conjointe* de propositions ou de schémas à des lettres dans deux ou plus de deux schémas donnés consiste à introduire ces propositions ou ces schémas dans des occurrences de ces lettres, à l'intérieur de tous ces schémas donnés, en se conformant aux règles suivantes : (a') *ce qui est introduit dans une occurrence d'une lettre sera aussi introduit dans toutes les autres occurrences de cette lettre à l'intérieur de tous les schémas donnés*, et (b') *les résultats finaux seront des propositions ou des schémas fonctionnels*. Ainsi les propositions (4) et :

(6) $\sim$(Jupin est malade . Michu est en voyage . $\sim$Robert est là),

proviennent respectivement des schémas :

(7) $p \cdot \sim(p \cdot q)$, $\sim(p \cdot q \cdot \sim r)$,

par substitution conjointe de 'Jupin est malade' à 'p', de 'Michu est malade' à 'q' et de 'Robert est là' à 'r'. Autre exemple, les schémas (5) et :

(8) $\sim(p \cdot q \cdot r \cdot \sim p)$,

proviennent respectivement des schémas (7) par substitution conjointe de '$p \cdot q$' à 'p', de 'r' à 'q' et de 'p' à 'r'.

Il y a des couples d'expressions qui s'obtiennent par substitution à partir de deux schémas respectivement, sans pouvoir s'obtenir de ces mêmes schémas par substitution conjointe. Par exemple (4) s'obtient par substitution dans

'p . $\sim(p$. $q)$' et (6) s'obtient par substitution dans '$\sim(r$. q . $\sim p)$'; cependant (4) et (6) ne peuvent pas s'obtenir par substitution conjointe dans 'p . $\sim(p$. $q)$' et '$\sim(r$. q . $\sim p)$'.

Exercices

1. Parmi les schémas :

(i) $\sim(p$. q . $\sim(p$. q . r . $s)$. $\sim r$. $s)$,

(ii) $\sim(\sim p$. $\sim(\sim p$. $\sim p)$. $\sim p)$,

(iii) $\sim(\sim(p$. $q)$. $\sim\sim(p$. $q)$. $\sim(p$. $q))$,

(iv) $\sim(\sim q$. $\sim(\sim q$. $\sim q$. $q)$. $\sim q)$,

(v) $\sim(\sim(q$. $\sim r)$. $\sim(\sim(q$. $\sim r)$. $\sim q$. $r)$. $\sim(q$. $\sim r))$,

lesquels peuvent être obtenus par substitution dans '$\sim(p$. $\sim(p$. $q)$. $\sim r)$' ? Expliquer.

2. Si dans l'*exercice* précédent votre réponse concernant (i) a été affirmative, trouvez un nouveau schéma qui soit tel que (i) et ce nouveau schéma s'obtient par substitution conjointe dans les deux schémas :

(vi) $\sim(p$. $\sim(p$. $q)$. $\sim r)$, $\sim(r$. $\sim(p$. s . $r))$,

respectivement. Même question pour (ii), (iii), (iv) et (v).

§ 15. DES INSTANCES

Une proposition qui peut s'obtenir d'un schéma par substitution (§ 14) s'appellera une *instance* de ce schéma. Par exemple § 14(4) est une instance de chacun des schémas 'p . $\sim(p$. $q)$', 'p . q', 'p . $\sim q$' et 'p . $\sim(q$. $r)$'. De plus § 14(4) est trivialement une instance du schéma 'p', toute proposition étant une instance d'une lettre quelconque. En revanche § 14(5) n'est pas une instance de 'p . $\sim(p$. $q)$', ni de quoi que ce soit d'autre, car ce n'est pas une proposition.

Si un schéma est formé à partir d'un autre par substitution, tel 'p . $\sim(p$. $q)$' à partir de 'q . $\sim r$', toutes les propositions qui sont des instances de ce nouveau schéma sont aussi instances du schéma initial. Propriété qui devient évidente lorsqu'on considère un cas quelconque pris au hasard, disons (4) du § 14 : cette dernière proposition s'obtient comme instance de '$p . \sim(p . q)$' par substitution de 'Jupin est malade' à 'p', et de 'Michu est en voyage' à 'q' ; elle s'obtient en outre comme instance de '$q . \sim r$' par substitution de 'Jupin est malade' à 'q' et de 'Jupin est malade . Michu est en voyage' à 'r'. Noter qu'en sens inverse il n'est pas vrai que toutes les instances de '$q . \sim r$' soient des instances de '$p . \sim(p . q)$'. Ainsi la proposition :

Jupin est malade . $\sim$Michu est en voyage,

est une instance de '$q . \sim r$' mais non pas de '$p . \sim(p . q)$'.

Lorsque plusieurs propositions s'obtiennent respectivement à partir d'un nombre égal de schémas par substitution conjointe (§ 14), on dit qu'elles sont des *instances correspondantes* de ces schémas. Ainsi (4) et (6) du § 14 sont des instances correspondantes des schémas (7) du § 14, respectivement. S'il se trouve que deux schémas n'ont aucune lettre commune, il est évident qu'une substitution quelconque effectuée dans ces deux schémas sera une substitution conjointe, de sorte qu'en pareil cas des instances quelconques des deux schémas respectifs seront des instances correspondantes. Par exemple, des instances quelconques de '$p . \sim q$' et de '$\sim r$' sont des instances correspondantes de ces schémas ; et de fait deux propositions quelconques sont des instances correspondantes de deux lettres quelconques.

Si à partir de deux schémas nous en formons deux nouveaux par substitution conjointe, alors des instances correspondantes quelconques des nouveaux schémas seront des instances correspondantes des schémas initiaux. Ceci encore est un principe qui devient évident en considérant un exemple pris au hasard. Les schémas (7), § 14, résultent de la substitution conjointe de 'r' à 'p', de 'p' à 'q', et de '$p . q$' à 'r' dans les schémas '$q . \sim r$' et '$\sim(r . \sim p)$' respectivement. Or les instances correspondantes (4), § 14 et (6), § 14 des schémas (7), § 14, sont des instances correspondantes des schémas '$q . \sim r$' et '$\sim(r . \sim p)$', puisqu'elles s'obtiennent de ces schémas par substitution conjointe de 'Robert est là' à 'p', de 'Jupin est malade' à 'q' et de 'Jupin est malade . Michu est en voyage' à 'r'.

Exercices

1. Si dans l'*exercice* 1 du § 14 votre réponse concernant (i) était affirmative, écrivez une proposition qui est une instance de (i), et indiquez quelles substitutions seraient susceptibles de fournir cette proposition directement à partir de '$\sim(p . \sim(p . q) . \sim r)$'. Donnez aussi de votre proposition une traduction la plus naturelle possible en langage usuel, au moyen de 'si... alors', 'à moins que', etc. Même question à propos de (ii), (iii), (iv) et (v).

2. Pour chacune des paires de schémas que vous avez formées (*exercice* 2 du § 14) par substitution conjointe dans le schéma (vi), présentez une paire d'instances correspondantes. Montrez aussi quelles substitutions conjointes fourniraient directement cette paire de propositions à partir des schémas (vi). Traduisez vos propositions en langage usuel.

3. Une fois les propositions :

> Si le garde a tiré sur la victime mais n'a pas tiré sur elle sans lui faire des sommations, alors la victime est civilement responsable,
>
> Si la victime est civilement responsable, alors le garde, le caissier et la victime sont tous civilement responsables,

traduites en termes de conjonction et de négation, deviennent-elles respectivement des instances des schémas (vi) de l'*exercice* 2 § 14 ? Deviennent-elles des instances correspondantes ? Donner une explication.

§ 16. DES SCHÉMAS ÉQUIVALENTS

On dira que deux schémas sont *équivalents* s'ils n'ont pas d'instances correspondantes qui prennent des valeurs de vérité distinctes. Par exemple, les schémas :

(1) $p \cdot q,$ $q \cdot p,$

sont équivalents, car des instances correspondantes quelconques de ces schémas ne sont que des conjonctions formées de la même paire de propositions dans un ordre différent ; or, cette différence d'ordre n'affecte pas la valeur de vérité d'une conjonction.

De même les schémas :

(2) $p \cdot \sim p,$ $q \cdot \sim q,$

sont équivalents. En effet, toute instance de '$p \cdot \sim p$' sera une conjonction de deux propositions dont l'une est la négation de l'autre. Ces deux propositions auront des valeurs de vérité opposées, et par suite leur conjonction sera fausse. Toutes les instances de '$p \cdot \sim p$' sont donc fausses, et un raisonnement analogue montrerait que toutes les instances de '$q \cdot \sim q$' sont fausses également. Donc toutes les instances des schémas (2) s'accordent en valeur de vérité ; donc ces schémas sont équivalents. (Ici la notion d'instance correspondante est triviale, car toutes les instances des schémas (2) sont des instances correspondantes : *cf.* § 15).

Autre exemple, les schémas :

(3) $p \cdot p,$ $p,$

sont équivalents. En effet, supposons que 'p' a été remplacé dans ces deux schémas par une proposition quelconque, *i.e.* imaginons que '$p \cdot p$' et 'p' momentanément ne sont pas des schémas mais des instances correspondantes de ces schémas. Or, si 'p' est vrai, alors '$p \cdot p$', étant une conjonction dont les deux composants sont vrais, est vrai aussi ; et si 'p' est faux,

alors '$p \cdot p$', étant une conjonction dont les deux composants
sont faux, est faux aussi. Par conséquent, dans l'un et l'autre
cas, '$p \cdot p$' et 'p' sont identiques sous le rapport de la valeur de
vérité.

Autre exemple, les schémas :

(4) $\sim\sim p$, p,

sont équivalents. En effet, représentons-nous encore 'p'
comme étant une proposition quelconque. Si 'p' est vrai, '$\sim p$'
sera faux et sa négation '$\sim\sim p$' vraie derechef ; tandis que si
'p' est faux, alors '$\sim p$' sera vrai et '$\sim\sim p$' faux. Par conséquent
dans les deux cas, '$\sim\sim p$' et 'p' seront identiques sous le
rapport de la valeur de vérité.

Autre exemple, les schémas :

(5) $p \cdot \sim(q \cdot \sim p)$, p,

sont équivalents. En effet représentons~nous ici encore 'p'
comme une proposition quelconque. Si 'p' est faux, alors '$p \cdot$
$\sim(q \cdot \sim p)$' est faux, en tant que conjonction de propositions
dont l'une est fausse. Si au contraire 'p' est vrai, alors '$\sim p$'
devient faux et la conjonction '$q \cdot \sim p$' aussi, ce qui entraîne
que sa négation '$\sim(q \cdot \sim p)$' devient vraie ; et '$p \cdot \sim(q \cdot \sim p)$',
étant alors une conjonction de propositions vraies, est vrai.

Autre exemple, les schémas :

(6) $\sim(p \cdot \sim(q \cdot r))$, $\sim(p \cdot \sim q) \cdot \sim(p \cdot \sim r)$,

sont équivalents. En effet représentons-nous les lettres comme
étant des propositions quelconques. Les conjonctions '$p \cdot q$',
'$p \cdot \sim r$' et '$p \cdot \sim(q \cdot r)$' seront fausses si leur composant 'p' se
trouve être faux ; du coup leurs négations respectives '$\sim(p$
$\cdot \sim q)$', '$\sim(p \cdot \sim r)$', et '$\sim(p \cdot \sim(q \cdot r))$' seront vraies, et la
conjonction de ces deux premières négations, c'est-à-dire '$\sim(p$
$\cdot \sim q) \cdot \sim(p \cdot \sim r)$', le sera aussi. Donc les composés (6) s'accordent en valeur de vérité lorsque 'p' est faux. Supposons main-
tenant que 'p' est vrai. Alors la conjonction '$p \cdot \sim q$' sera vraie

exactement si son autre composant '$\sim q$' est vrai, donc exactement si 'q' est faux ; par suite '$p \cdot \sim q$' aura une valeur de vérité opposée à celle de 'q' ; par suite de quoi sa négation '$\sim(p \cdot \sim q)$' aura la même valeur de vérité que 'q'. D'une manière analogue '$\sim(p \cdot \sim r)$' aura la même valeur de vérité que 'r', et '$\sim(p \cdot \sim(q \cdot r))$', aura la même valeur de vérité que '$q \cdot r$'. Or la conjonction '$\sim(p \cdot \sim q) \cdot \sim(q \cdot \sim r)$' aura aussi la même valeur de vérité que '$q \cdot r$', puisque ses parties '$\sim(p \cdot \sim r)$' et '$\sim(q \cdot \sim r)$' ont respectivement les valeurs de vérité de 'q' et de 'r'. Ainsi les composés (6) s'accordent en valeur de vérité aussi bien si 'p' est vrai que si 'p' est faux.

Des schémas qui sont équivalents au même schéma sont équivalents entre eux. En effet, soit S_1 et S_2 des instances correspondantes de deux schémas F_1 et F_2 qui sont équivalents à un troisième schéma F_3. Opérons sur F_3 les substitutions qui ont donné S_1 et S_2 quand on les a opérées sur F_1 et F_2. (S'il y a dans F_3 des variables qui ne figurent pas dans F_1 et F_2, on peut leur substituer des propositions prises au hasard). Le résultat S_3 doit avoir la même valeur de vérité que S_1, puisque S_1 et S_3 sont des instances correspondantes de schémas équivalents F_1 et F_3 ; on montrerait d'une manière analogue que S_3 doit avoir la même valeur de vérité que S_2. Donc S_1 et S_2 ont la même valeur de vérité.

À titre d'illustration, à partir des équivalences (4) et (3) nous pouvons déduire que '$\sim\sim p$' et '$p \cdot p$' sont équivalents ; et à partir des équivalences (4) et (5) nous pouvons déduire que '$\sim\sim p$' et '$p \cdot \sim(q \cdot \sim p)$' sont équivalents.

Exercices

1. Illustrer le raisonnement de l'avant-dernier alinéa ci-dessus en empruntant F_1, F_2 et F_3 à (3) et à (5) et en choisissant des propositions appropriées S_1, S_2, S_3.

2. Pour montrer que deux schémas ne sont pas équivalents, il suffit de trouver une paire d'instances correspondantes telles que l'une soit vraie et l'autre fausse. Montrer de cette façon que les schémas (vi) de l'*exercice* 2, § 14, ne sont pas équivalents.

§ 17. L'ÉQUIVALENCE AU SENS DES FONCTIONS DE VÉRITÉ

On dira que des propositions, qui sont des instances correspondantes de schémas fonctionnels équivalents, sont *équivalentes au sens des fonctions de vérité* (*cf.* § 14). Ainsi les propositions :

> Jupin est malade . Jupin est malade,
> Jupin est malade

sont équivalentes au sens des fonctions de vérité, puisqu'elles sont des instances correspondantes des schémas équivalents (3), § 16. De même les propositions :

(1)   ∼(Jupin est coupable . ∼(Michu est innocent . Robert a menti)),

(2)   ∼(Jupin est coupable . ∼Michu est innocent) . ∼(Jupin est coupable . ∼Robert a menti),

sont équivalentes au sens des fonctions de vérité, puisqu'elles sont des instances correspondantes des schémas équivalents (6), § 16.

Il est commode aussi de parler d'équivalence au sens des fonctions de vérité, à propos de propositions qui sont exprimées au moyen de connexions du langage usuel (et non pas seulement au moyen de '.' et de '∼'), mais qui se changent en des instances correspondantes de schémas fonctionnels équivalents lorsqu'on les traduit en termes de '.' et de '∼' selon les principes de traduction posés au chapitre 1. Ainsi les propositions :

Si Jupin est coupable, alors Michu est innocent et Robert a menti,

Si Jupin est coupable alors Michu est innocent, et si Jupin est coupable alors Robert a menti,

sont équivalentes au sens des fonctions de vérité, eu égard au fait qu'elles se changent en (1) et (2) lorsqu'on les traduit comme il est indiqué aux § 3 et 7.

Des propositions équivalentes au sens des fonctions de vérité sont naturellement identiques sous le rapport de la valeur de vérité ; mais des propositions peuvent être identiques sous le rapport de la valeur de vérité sans être équivalentes au sens des fonctions de vérité. Les propositions :

Si Magog est situé au nord de Derby, il est au Canada,

Magog est situé au nord de Derby et est au Canada,

soit en symboles :

~(Magog est situé au nord de Derby . ~Magog est au Canada),

Magog est situé au nord de Derby . Magog est au Canada,

sont toutes les deux vraies et néanmoins ne sont pas équivalentes au sens des fonctions de vérité, car elles ne sont pas des instances correspondantes de schémas fonctionnels équivalents. Elles sont des instances correspondantes des schémas '~(p . ~q)' et 'p . q', mais ces schémas ne sont pas équivalents car on en peut trouver des instances correspondantes qui ne sont pas identiques en valeur de vérité. Il suffit de prendre une proposition fausse pour 'p' et une proposition quelconque pour 'q' et on obtient alors des instances correspondantes de '~(p . ~q)' et de 'p . q' qui sont l'une vraie et l'autre fausse.

Des propositions équivalentes au sens des fonctions de vérité s'accordent en valeur de vérité, et cela en vertu de leur structure considérée du point de vue des fonctions de vérité.

Elles continuent à s'accorder en valeur de vérité lorsqu'on fait varier les *propositions simples* qui les constituent (*i.e.* les propositions qui ne sont pas elles-mêmes des négations ou des conjonctions). On pourrait caractériser des propositions équivalentes au sens des fonctions de vérité, en disant qu'elles 'ont le même sens' ou qu'elles 'expriment la même chose dans un langage différent'.

Exercice

Donner une proposition à laquelle :
(i) Le tuf flotte, et n'a pas une origine volcanique à moins qu'il flotte,

est équivalent au sens des fonctions de vérité, d'après (5), § 16. Donner une autre proposition à laquelle la négation de (i) est équivalente d'après (6), § 16. Quelles substitutions aux variables de (5)-(6), § 16, cela entraîne-t-il ?

§ 18. LE REMPLACEMENT

L'équivalence permet une opération analogue à l'opération mathématique familière qui consiste à substituer l'une à l'autre deux quantités qui sont égales entre elles. Tout comme en arithmétique l'équation '$3 \times 4 = 12$' conduit à l'équation '$\sqrt{3 \times 4} = \sqrt{12}$', ainsi en logique l'équivalence entre '$\sim \sim p$' et 'p' conduira, par exemple, à l'équivalence entre '$\sim (q \cdot \sim \sim p)$' et '$\sim (q \cdot p)$'.

Le principe général qui produit cet effet sera démontré dans le présent paragraphe. On peut l'appeler *principe de remplacement.* Il s'énonce comme suit : *si dans un schéma donné nous remplaçons une partie par un autre schéma équivalent à cette partie, le schéma résultant tout entier sera équivalent au schéma initial tout entier.* Mais il faut d'abord quelques précisions au mot 'remplacer' dans ce contexte, en ce qui concerne les parenthèses. Nous n'avons pas l'intention de considérer le passage de '~p . p' à '~~~p' comme un cas de *remplacement* de 'p . p' par '~~p', car 'p . p' ne figure pas comme composant à l'intérieur de '~p . p'; dans '~p . p', le tilde '~' va avec le premier 'p', c'est-à-dire que c'est le tout '~p' qui est relié par une conjonction au second 'p'. Inversement, nous n'avons pas l'intention de considérer le passage '~~~p' à '~p . p' comme un cas de remplacement de '~~p' par 'p . p'; le remplacement de '~~p' par 'p . p' doit plutôt être compris comme conduisant de '~~~p' à '~(p . p)'. Ainsi en général, quand la partie qui a à être *remplacée* est une conjonction, il doit être entendu qu'elle ne figure pas *immédiatement* après un signe de négation; il faut que s'intercale au moins une parenthèse. Et si le schéma qui remplace une partie donnée est une conjonction, il doit être entendu qu'il sera préalablement enclos de parenthèses, dans le cas où il est destiné à figurer immédiatement après un signe de négation. Si au contraire la partie remplacée est une conjonction contenue dans des parenthèses, et si le schéma qui la remplace n'est pas une conjonction, le remplacement devra s'entendre comme incluant la suppression de ces parenthèses; par exemple le remplacement de 'p . p' par '~~p' dans '~(p . p)' doit donner '~~~p' et non pas '~(~~p)'. Cette dernière écriture ne rentre pas dans le cadre de nos notations.

En vue de prouver le principe général du remplacement, il convient d'en prouver deux cas particuliers : (i) *les négations de deux schémas équivalents quelconques sont équivalentes*, et (ii) *deux schémas équivalents étant donnés, si à chacun d'eux on relie un schéma par une conjonction, les nouveaux schémas ainsi obtenus sont équivalents*.

Nous allons d'abord démontrer (i). Pour faciliter la compréhension du raisonnement abstrait, nous avons inséré entre crochets le traitement d'un exemple. Partons donc de deux schémas équivalents quelconques [ce seront par exemple

'$\sim\sim p$' et '$p \cdot p$'; *cf.* § 16], et formons à partir d'eux de nouveaux schémas ['$\sim\sim\sim p$' et '$\sim(p \cdot p)$'] en appliquant '$\sim$' à chacun des schémas initiaux (on ajoute des parenthèses à celui des deux schémas qui a la forme d'une conjonction). Il s'agit alors de montrer que ces nouveaux schémas sont équivalents entre eux, c'est-à-dire que toutes leurs instances correspondantes s'accordent en valeur de vérité (*cf.* § 16). Considérons donc des instances correspondantes quelconques des nouveaux schémas [par exemple '$\sim\sim\sim$Jupin est malade' et '$\sim$(Jupin est malade $\cdot$ Jupin est malade)']. Ces deux propositions seront des négations de deux propositions ['$\sim\sim$Jupin est malade' et 'Jupin est malade $\cdot$ Jupin est malade'] qui sont des instances correspondantes des schémas initiaux [' $\sim\sim p$' et 'p']. Mais puisque les schémas initiaux sont équivalents, leurs instances correspondantes s'accordent en valeur de vérité; par conséquent les négations de ces instances s'accorderont aussi en valeur de vérité, puisqu'elles seront fausses ou vraies suivant que ces dernières sont vraies ou fausses.

Démontrons (ii). Nous partons de deux schémas équivalents quelconques [ce seront par exemple '$\sim\sim p$' et '$p \cdot p$'], et à chacun d'eux nous relions par une conjonction un schéma supplémentaire [qui sera par exemple '$q \cdot \sim(q \cdot r)$'] de façon à former deux nouveaux schémas [par exemple '$\sim\sim p \cdot q \cdot \sim(q \cdot r)$' et '$p \cdot p \cdot q \cdot \sim(q \cdot r)$', ou indifféremment '$q \cdot \sim(q \cdot r) \cdot \sim\sim p$' et '$q \cdot \sim(q \cdot r) \cdot p \cdot p$']. Il faut montrer que les deux nouveaux schémas ainsi formés sont équivalents, c'est-à-dire que des instances correspondantes quelconques de ces nouveaux schémas s'accordent en valeur de vérité. Soit donc deux instances correspondantes quelconques des deux nouveaux schémas [par exemple '$\sim\sim$Jupin est malade $\cdot$ Michu est en voyage $\cdot$ $\sim$(Michu est en voyage $\cdot$ Robert est là)' et 'Jupin est malade $\cdot$ Jupin est malade $\cdot$ Michu est en voyage $\cdot$ $\sim$(Michu est en voyage $\cdot$ Robert est là)']. Appelons S_1 et S_2 ces deux propositions. Ce sont respectivement des instances correspondantes

['∼∼Jupin est malade' et 'Jupin est malade . Jupin est malade'] des deux schémas initiaux, auxquelles on a relié dans chaque cas, par une conjonction, une seule et même proposition supplémentaire ['Michu est en voyage . ∼(Michu est en voyage . Robert est là)']. Or si cette proposition supplémentaire est fausse, les conjonctions S_1 et S_2 seront toutes les deux fausses et donc identiques en valeur de vérité. Si au contraire cette proposition supplémentaire est vraie, la conjonction S_1 sera vraie ou fausse suivant que son autre partie [' ∼∼Jupin est malade'] est vraie ou fausse; et pour S_2 la situation est analogue. Or cette autre partie de S_1 et cette autre partie de S_2 sont identiques en valeur de vérité, puisqu'elles sont des instances correspondantes des schémas initiaux ['∼∼p' et '$p . p$'], lesquels sont équivalents. Donc S_1 et S_2 sont aussi identiques en valeur de vérité.

Nous sommes à présent en mesure de démontrer le principe général du remplacement. Supposons qu'on nous donne un schéma quelconque F [ce sera par exemple '∼($p . q$. ∼(r . ∼∼p . q) . ∼p)'], et que nous en remplaçons une partie quelconque F_0 [par exemple '∼∼p'] par un équivalent G_0 [par exemple '$p . p$'], ce qui nous donne un nouveau schéma G [qui sera '∼($p . q$. ∼($r . p . p . q$) . ∼p)']. Il faut montrer que F et G sont équivalents. Or F_0 doit figurer dans F, soit affecté de la négation, soit relié à quelque chose par une conjonction. [Ici il figure en conjonction avec 'q' dans '∼∼p . q']. Appelons F_1 cette négation ou cette conjonction. S'il ne constitue pas F tout entier, F_1 doit à son tour figurer dans F soit affecté de la négation, soit relié à quelque chose par une conjonction. [Il figure en conjonction avec 'r' dans 'r . ∼∼p . q']. Appelons F_2 cette négation ou cette conjonction. En continuant de cette manière, nous obtenons une suite de schémas $F_0, F_1, F_2, \ldots, F$ [c'est-à-dire ici '∼∼p', '∼∼$p . q$', 'r . ∼∼$p . q$', '∼(r . ∼∼$p . q$)', '∼(r . ∼∼$p . q$) . ∼p', '$p . q$. ∼(r . ∼∼$p . q$) . ∼p', '∼($p . q$. ∼(r . ∼∼p . q) . ∼p)'], telle que chacun de ces schémas est soit la négation du précédent, soit la conjonction du précédent avec quelque chose. Les parties correspondantes de G réunies à G lui-même, forment une suite semblable G_0, G_1, G_2, …, G [c'est-à-dire ici '$p \cdot p$', '$p \cdot p \cdot q$', '$r \cdot p \cdot p \cdot q$', '$\sim(r \cdot p \cdot p \cdot q)$', '$\sim(r \cdot p \cdot p \cdot q) \cdot \sim p$', '$p \cdot q \cdot \sim(r \cdot p \cdot p \cdot q) \cdot \sim p$', '$\sim(p \cdot q \cdot \sim(r \cdot p \cdot p \cdot q) \cdot \sim p)$'.] Or F_1 et G_1 sont ou bien les négations de F_0 et de G_0, ou bien sinon les conjonctions de F_0 et de G_0 avec un schéma : par conséquent, en vertu de (i) et de (ii), l'équivalence de F_1 et de G_1 s'ensuit de celle de F_0 et de G_0. D'une manière analogue, l'équivalence de F_2 et de G_2 s'ensuit de celle de F_1 et de G_1 ; et ainsi de suite jusqu'au moment où nous terminons en concluant à l'équivalence de F et de G.

Exercice

Donner une autre illustration des trois démonstrations du présent paragraphe en utilisant la paire (6), § 16, au lieu de la paire '$\sim\sim p$' et '$p \cdot p$', et en prenant pour F le schéma :

$$\sim(\sim(p \cdot q \cdot \sim\sim(p \cdot \sim(q \cdot r))) \cdot \sim r).$$

§ 19. DES TRANSFORMATIONS

Une *transformation directe* d'un schéma donné F_1 [ce sera par exemple '$p \cdot \sim\sim(q \cdot r)$'] *par* une paire donnée de schémas G_1 et G_2 [par exemple les schémas (4) du § 16] consistera en les opérations suivantes : d'abord nous opérons des substitutions conjointes dans G_1 et dans G_2, de manière à obtenir des schémas G_1' et G_2' [par exemple '$\sim\sim(q \cdot r)$' et '$q \cdot r$'], tels que G_1' soit une partie de F_1 ou F_1 tout entier ; ensuite nous remplaçons, dans F_1, G_1' par G_2'. On montre facilement que le *résultat F_2* [qui dans notre exemple est '$p \cdot q \cdot r$'] *est équivalent à F_1 toutes les fois que G_2 est équivalent à G_1.* En vertu du § 15, des instances correspondantes quelconques de G_1' et de G_2' seront aussi des instances correspondantes de G_1 et de G_2, et donc s'accorderont en valeur de vérité, étant donné l'équivalence de G_1 et de G_2 (*cf.* § 16). Donc G_1' et G_2' sont équivalents, et par conséquent F_1 et F_2 le sont aussi en vertu du § 18.

En particulier, il se pourra que F_1 et F_2 coïncident respectivement avec G_1' et G_2'. Par exemple, la transformation de '$p \,.\, \sim(p \,.\, \sim p)$' par (5) du § 16 donne 'p'. En l'espèce F_1 et F_2 sont :

(1) $p \,.\, \sim(p \,.\, \sim p)$, p,

G_1 et G_2 sont (5), § 16, et G_1' et G_2' sont tout simplement encore (1). La paire (1) est une paire qui résulte directement de (5), § 16, par substitution conjointe. Mais l'inférence de l'équivalence (1) à partir de l'équivalence (5) du § 16 n'est qu'une application particulière du principe général en italique ci-dessus.

Une inférence effectuée en conformité du principe du remplacement (§ 18) peut également être traitée comme un cas particulier du principe indiqué plus haut en italique. Par exemple l'équivalence des schémas :

(2) $p \,.\, \sim(p \,.\, \sim p)$, $p \,.\, \sim(q \,.\, \sim q)$,

s'ensuit de l'équivalence (2), § 16, suivant le § 18. Mais nous pouvons tout aussi bien justifier l'équivalence (2) au titre de transformation directe de '$p \,.\, \sim(p \,.\, \sim p)$' en '$p \,.\, \sim(q \,.\, \sim q)$' par les schémas (2) du § 16. En ce cas, F_1 et F_2 sont (2), tandis que G_1 et G_2 sont (2) du § 16 et que G_1' et G_2' sont simplement encore (2) du § 16 ; la substitution conjointe dans G_1 et G_2 qui est supposée fournir G_1' et G_2' peut être considérée dans ce cas comme n'étant que la substitution de 'p' à 'p', c'est-à-dire une substitution qui laisse tout identique.

On doit remarquer que la transformation directe d'un schéma donné par une paire donnée de schémas ne donne pas forcément un résultat unique. En transformant '$\sim\sim p \,.\, \sim\sim q$'

par (4) du § 16, on trouve '$\sim\sim p \cdot q$' et aussi '$p \cdot \sim\sim q$'. En revanche la transformation de '$p \cdot q$' par (4), § 16, ne donne rien, car il n'y a aucune substitution possible dans le schéma '$\sim\sim p$' de § 16 (4), qui puisse donner une partie de '$p \cdot q$' (ou '$p \cdot q$' tout entier).

Une *transformation inverse* par une paire de schémas G_1 et G_2 est une transformation directe par la même paire dans l'ordre opposé, G_2 et G_1. Ainsi, alors que la transformation directe de '$p \cdot \sim\sim(q \cdot r)$' par (4) du § 16 donne '$p \cdot q \cdot r$', la transformation inverse de '$p \cdot q \cdot r$' par (4) du § 16 donne '$p \cdot \sim\sim(q \cdot r)$'. Par une *transformation*, au sens général, nous entendrons indifféremment une transformation directe ou inverse; ainsi '$p \cdot \sim\sim(q \cdot r)$' est transformable en '$p \cdot q \cdot r$' par (4) du § 16, et vice-versa. En général, si F_1 *est transformable en F_2 par une paire de schémas équivalents l'un à l'autre, F_1 et F_2 sont équivalents*. Cela a été établi plus haut pour les transformations directes; mais cela vaut également pour les transformations inverses, attendu qu'une transformation inverse par une paire donnée de schémas équivalents n'est qu'une transformation directe par les mêmes schémas dans l'ordre inverse.

Les transformations qui ont été effectuées sur des schémas peuvent aussi être effectuées directement sur des propositions qui sont des instances de ces schémas. En effet, la transformation directe d'une proposition S_1 par une paire de schémas G_1 et G_2 peut être expliquée comme consistant en les opérations suivantes : d'abord nous opérons des substitutions conjointes dans G_1 et G_2 de façon à obtenir des propositions G_1' et G_2', où G_1' est une partie de S_1; ensuite nous remplaçons dans S_1, G_1' par G_2'. En bref, *la transformation directe de S_1 par la paire formée de G_1 et de G_2 consiste à remplacer dans S_1 une instance de G_1 par une instance correspondante de G_2* (*cf.* § 15). Il en va de même pour les transformations directes et pour les transformations en général.

Tout comme la transformation directe du schéma 'p . $\sim\sim(q$. $r)$' par (4) du § 16 donne 'p . q . r', la transformation directe de la proposition :

Jupin vient . $\sim\sim$(Michu reste . Robert part),

par (4) du § 16 donne :

Jupin vient . Michu reste . Robert part.

Donc la transformation des propositions ne diffère de celle des schémas que par ceci, que des propositions figurent à la place des lettres. Au lieu de transformer un schéma F_1 en un schéma F_2, nous transformons une instance S_1 de F_1 en une instance correspondante S_2 de F_2. Tout comme une transformation par une paire de schémas équivalents conduit d'un schéma F_1 à un schéma équivalent F_2, la transformation des propositions conduit d'une proposition S_1 à une proposition S_2 qui lui est équivalente au sens des fonctions de vérité ; car des instances correspondantes de schémas équivalents au sens des fonctions de vérité sont équivalentes au sens des fonctions de vérité.

Exercices

1. Combien de schémas distincts peuvent être obtenus chacun grâce à une seule transformation de :

(i) p . q . $\sim(p$. q . $r)$

par (1) du § 16 ? Quelles sont les substitutions conjointes aux lettres 'p' et 'q' de (1), § 16, qui interviennent dans phacun de ces cas ?

2. Combien de schémas distincts peut-on obtenir chacun grâce à une seule transformation inverse de (i) par (4) du § 16 ? Lesquels de ces résultats sont à leur tour susceptibles de subir une transformation directe par (6), § 16 ? Quelles sont les substitutions conjointes dans (6), § 16, qui interviennent ?

§ 20. DÉMONSTRATIONS D'ÉQUIVALENCE

Si l'on fait subir à un schéma des transformations successives par une paire quelconque de schémas équivalents à chaque étape, on a le droit de conclure que le produit terminal sera équivalent au schéma initial. Par exemple, attendu que le second des schémas § 19(2) est transformable en le premier des schémas § 19(2) par § 16(2), et que le schéma résultant de cette transformation est à son tour transformable en 'p' par § 16(5), nous concluons que les schémas :

(1) $p . \sim(q . \sim q),$ $p,$

sont équivalents. Cela n'a consisté qu'à inférer l'équivalence des schémas (1) à partir de l'équivalence des schémas (2) du § 19 et de l'équivalence des schémas (1) du § 19, conformément au principe de la fin du § 16.

Les démonstrations d'équivalence par transformations successives, telle celle qu'on vient d'indiquer, peuvent être commodément consignées par écrit en se contentant d'inscrire les états successifs et en mentionnant à droite les paires d'équivalents par lesquelles les transformations sont effectuées. Le raisonnement qui a servi à établir ci-dessus l'équivalence des schémas (1) peut se formuler ainsi :

Démonstration :

$p . \sim(p . \sim p)$ (2), § 16
p (5), § 16

L'inscription placée à droite de la première ligne de la démonstration indique que cette ligne a été obtenue du premier des schémas (1) moyennant une transformation par (2) du § 16, et l'inscription à droite de la deuxième ligne indique que le 'p' de la seconde ligne a été obtenu de la première ligne moyennant une transformation par (5) du § 16.

Voici d'autres équivalences avec leurs démonstrations.

(2) $p \cdot q \cdot \sim q,$ $r \cdot \sim r$

Démonstration :

$$p \cdot p \cdot \sim p \qquad\qquad (2), \S\,16$$
$$p \cdot \sim p \qquad\qquad (3), \S\,16$$
$$r \cdot \sim r \qquad\qquad (2), \S\,16$$

(3) $\sim(p \cdot \sim(q_1 \cdot q_2 \cdot \ldots \cdot q_n)),$
        $\sim(p \cdot \sim q_1) \cdot \sim(p \cdot \sim q_2) \cdot \ldots \cdot (p \cdot \sim q_n)$

Démonstration (pour un n donné quelconque) :

$$\sim(p \cdot \sim q_1) \cdot \sim(p \cdot \sim(q_2 \cdot \ldots \cdot q_n) \qquad\qquad (6), \S\,16$$
$$\sim(p \cdot \sim q_1) \cdot \sim(p \cdot \sim q_2) \cdot \sim(p \cdot \sim(q_3 \cdot \ldots \cdot q_n)) \qquad (6), \S\,16$$

et ainsi de suite.

(4) $\sim(p \cdot q) \cdot \sim(p \cdot \sim q),$ $\sim p$

Démonstration :

$$\sim(p \cdot \sim\sim q) \cdot \sim(p \cdot \sim q) \qquad\qquad (4), \S\,16$$
$$\sim(p \cdot \sim(\sim q \cdot q)) \qquad\qquad (6), \S\,16$$
$$\sim(p \cdot \sim(q \cdot \sim q)) \qquad\qquad (1), \S\,16$$
$$\sim p \qquad\qquad\qquad (1)$$

Mais il est commode de laisser sous-entendues les transformations par § 16(1) et § 16(4). Nous apprenons vite à négliger les questions d'ordre dans les conjonctions ; nous apprenons à regarder le fait de nier une négation comme une simple suppression d'un signe de négation déjà présent, au lieu d'en appliquer un second et de simplifier. La démonstration ci-dessus prend alors la forme concise :

Démonstration :

$$\sim(p \cdot \sim(\sim q \cdot q)) \qquad\qquad (6), \S\,16$$
$$\sim p \qquad\qquad\qquad (1)$$

Deux autres équivalences encore vont être démontrées dans le même style concis.

(5) $p \cdot \sim(p \cdot q),$ $p \cdot \sim q$

Démonstration :

$$\sim(\sim(p \cdot \sim p) \cdot \sim(p \cdot \sim q)) \quad (6), \S\,16$$
$$p \cdot \sim q \qquad\qquad\qquad\quad (1)$$

Étape préparatoire à la transformation indiquée ligne 1 de cette démonstration, une transformation inverse de '$p \cdot \sim(p \cdot q)$' en '$\sim\sim(p \cdot \sim(p \cdot q))$' par § 16(4) a été sous-entendue. Étape préparatoire à la transformation indiquée ligne 2, une transformation par § 16(1) a été sous-entendue. De plus, la transformation par (1) notée à cette ligne ne donne pas '$p \cdot \sim q$', mais '$\sim\sim(p \cdot \sim q)$' ; ainsi intervient dans la conclusion une transformation par § 16(4), sous-entendue.

(6) $\sim(p \cdot q \cdot r) \cdot \sim(p \cdot \sim r),$ $\sim(p \cdot q) \cdot \sim(p \cdot \sim r)$

Démonstration :

$$\sim(p \cdot \sim(\sim(q \cdot r) \cdot r)) \qquad (6), \S\,16$$
$$\sim(p \cdot \sim(\sim q \cdot r)) \qquad\qquad (5)$$
$$\sim(p \cdot q) \cdot \sim(p \cdot \sim r) \qquad (6), \S\,16$$

En vue de la transformation indiquée à la première ligne de la démonstration, on a effectué tacitement une transformation inverse par § 16(4). En vue de la transformation indiquée à la seconde ligne, on a procédé tacitement à deux transformations par § 16(1). Après la transformation finale intervient tacitement une transformation directe par § 16(4).

Exercices

1. Écrire *in extenso* les démonstrations de (5) et de (6) dans le style de la première démonstration donnée de (4), en explicitant les transformations par § 16(1) et § 16(4), qui ont été laissées sous-entendues.

2. Quelles substitutions conjointes dans § 16 (6) interviennent dans les étapes successives de la démonstration de (3) ? Analyser les différentes étapes des démonstrations de (4)-(6) de la même manière.

3. Dans le style concis de preuve défini au texte à propos de (4), démontrer l'équivalence des schémas :

$$\sim(\sim(p \cdot \sim q) \cdot \sim(\sim p \cdot q)), \quad \sim(p \cdot q) \cdot \sim(\sim p \cdot \sim q).$$

§ 21. DISJONCTION ET DUALITÉ

Ordinairement on ajoute des symboles spéciaux pour 'ou' et 'si'. On note 'p ou q' par '$p \vee q$' ; dans cette écriture '$\vee$' représente le mot latin *vel*, qui signifie 'ou' dans le sens inclusif. Pour 'si p alors q', on rencontre '$p \supset q$' et '$p \rightarrow q$'. Pour 'p si et seulement si q', on rencontre '$p \equiv q$', '$p \leftrightarrow q$', et '$p \sim q$'.

L'usage des symboles n'a pas seulement pour fin la brièveté. En ce qui concerne la brièveté, '$p \vee q$' et '$p \supset q$' ne sont guère un progrès sur 'p ou q' et 'q si p'. Sous le même rapport '$\sim p$' et '$p \cdot q$' ne font pas mieux que 'non p' et 'p et q'. Mais les symboles ont une autre fonction : ils indiquent qu'on a achevé l'analyse des mots et qu'on est prêt à procéder à des transformations formelles ou à des calculs. En classe d'algèbre élémentaire, quand on nous donnait des problèmes énoncés en mots, par exemple, touchant des parcours effectués par des cyclistes et des piétons, notre première tâche était de mettre le problème en équations, notre seconde tâche de résoudre ces équations. Les symboles sont la langue dans laquelle un problème est rédigé une fois la première de ces deux tâches accomplie.

Si donc nous ajoutons les symboles '$\vee$', '$\supset$' et '$\equiv$', cela voudra dire que nous avons l'intention de les introduire jusque dans les démonstrations et dans les lois formelles, au lieu de nous contenter de '$\sim$' et de '$.$', comme au § 20. Le fait est qu'habituellement on les y introduit, mais le coût de cette décision est élevé. En effet, le nombre des occasions dans lesquelles on est capable de reconnaître à vue de nez une équivalence décroît en raison inverse du nombre des façons différentes d'écrire les schémas. Or, on voit facilement que les lois d'équivalence se multiplient à chaque introduction d'un nouveau signe superflu. Si nous admettons '$\vee$' et '$\supset$', nous devrons mentionner l'équivalence de '$\sim(p \, . \, \sim(q \, . \, r))$' non seulement à '$\sim(p \, . \sim q) \, . \, \sim(p \, . \sim r)$', mais aussi à :

$$\sim p \vee q \, . \sim p \vee r,$$
$$p \supset q \, . \, p \supset r,$$
$$\sim p \vee (q \, . \, r),$$
$$p \supset (q \, . \, r).$$

Le gain en brièveté réalisé en écrivant '$p \vee q$' pour '$\sim(\sim p \, . \sim q)$' et '$p \supset q$' pour '$\sim(p \, . \sim q)$', est donc chèrement payé.

En dépit de tout cela, il y a tout de même des avantages techniques intéressants à agréer l'emploi de la connexion redondante '$\vee$', dite de *disjonction*. L'un de ces avantages est que les signes de négation cessent d'être nécessaires sauf s'ils portent sur des lettres toutes seules, car les négations des conjonctions se résolvent toujours en des disjonctions. En effet, si nous adoptons, en général, la forme de notation '$r \vee s$' comme raccourci pour '$\sim(\sim r \, . \sim s)$', nous pouvons transcrire '$\sim(p \, . \, q)$' ou '$\sim(\sim\sim p \, . \sim\sim q)$' sous la forme '$\sim p \vee \sim q$'.

Cette transcription, assistée ici ou là de la substitution de '$\sim p$' à 'p' ou de '$\sim q$' à 'q', permet de refondre les équivalences § 20(1), § 16(5) et § 20(3)-(6) de la façon suivante :

(1) $p \, . \, (q \vee \sim q),$ p

(2) $p \, . \, (p \vee q),$ p

(3) $p \vee (q_1 . q_2 . \ldots . q_n),$ $(p \vee q_1) . (p \vee q_2) . \ldots$
$$. (p \vee q_n)$$

(4) $(p \vee q) . (p \vee \sim q),$ p

(5) $p . (\sim p \vee q),$ $p . q$

(6) $(p \vee q \vee \sim r) . (p \vee r),$ $(p \vee q) . (p \vee r).$

Mais on remarque l'utilisation accrue des parenthèses. Jusqu'ici (*cf.* § 4) nous n'avons admis de parenthèses qu'après les signes de négation; à présent, nous y recourons aussi pour enclore les composants de conjonction et de disjonction. Les conventions qui seront posées dans le prochain § permettront d'éliminer encore une grande quantité de parenthèses.

L'un des avantages procurés par '$\vee$' était, nous l'avons vu, de résoudre les négations de conjonctions. Un autre avantage, et plus sérieux, réside dans un phénomène de *dualité* (c'est l'expression consacrée) qui se manifeste entre la conjonction et la disjonction.

Pour développer ce point, il sera commode de nous imaginer que les conjonctions s'appliquent provisoirement à des propositions prises par paires; '$p . q . r$' peut s'écrire '$(p . q) . r$'; '$p . q . r . s$' peut s'écrire '$((p . q) . r) . s$', etc. (*cf.* § 3). De même pour les disjonctions. La conjonction peut alors être caractérisée par cette condition de vérité : une conjonction de deux propositions est vraie si et seulement si ces deux propositions sont vraies. Parallèlement la disjonction peut être caractérisée par la condition de fausseté suivante : une disjonction de deux propositions est fausse si et seulement si ces deux propositions sont fausses. La théorie de la conjonction est au vrai comme la théorie de la disjonction est au faux.

Pour voir comment cela s'applique, soit un schéma quelconque construit avec des lettres de proposition au moyen de la conjonction ou de la disjonction ou des deux, et aussi compliqué qu'on voudra. Considérons la *table de vérité* de ce schéma. Cette table porte inscrites toutes les 2^n manières distinctes d'assigner 'T' (le vrai) et '⊥' (le faux) aux *n* lettres du schéma, et elle pointe d'un 'T' ou d'un '⊥' chacune de ces 2^n lignes selon que le schéma tout entier est vrai ou faux lorsque ses lettres reçoivent les valeurs de vérité portées sur cette ligne. Or, quel serait l'effet de réinterpréter tout au long de la table 'T' par le faux et '⊥' par le vrai? Simplement l'effet qu'on obtiendrait si tout au long du schéma on réinterprétait '.' par la disjonction et '∨' par la conjonction.

Ce que nous venons de dire vaut encore si nous supposons que notre schéma contient des négations en plus de la conjonction et de la disjonction, car le rôle de la négation dans une table de vérité n'est pas affecté par l'interversion des sens de 'T' et de '⊥', puisque la négation du vrai est le faux et que la négation du faux est le vrai.

On dit que deux schémas sont *duals* l'un de l'autre ou *en dualité* si la table de vérité de l'un se change en célle de l'autre lorsqu'on y échange 'T' et '⊥'. Nous avons donc vu que *des schémas sont duals ou en dualité si l'un se change en l'autre lorsqu'on y échange partout '.' et '∨'.*

Considérons maintenant ce qui se passe pour les duals de schémas équivalents. Nous savons d'après le § 16 que des instances correspondantes de schémas équivalents sont toutes les deux vraies ou toutes les deux fausses. Puisque la dualité consiste à échanger 'T' et '⊥', nous en inférons que les instances correspondantes des schémas duals seront toutes les deux fausses ou toutes les deux vraies En bref, *des duals de schémas équivalents sont équivalents*. Cette circonstance nous permet, en même temps que chaque équivalence, d'en obtenir une autre sans frais en échangeant '.' et '∨' de manière à former les duals. De § 16(1), § 20(2), (1) et (3)-(5) ci-dessus, nous inférons donc immédiatement les équivalences suivantes :

(7) $p \lor q$, $q \lor p$

(8) $p \lor q \lor {\sim} q$, $r \lor {\sim} r$

(9) $p \vee (q \cdot \sim q)$, p

(10) $p \cdot (q_1 \vee q_2 \vee \ldots \vee q_n)$, $(p \cdot q_1) \vee (p \cdot q_2) \vee \ldots$
                                                          $\vee (p \cdot q_n)$

(11) $(p \cdot q) \vee (p \cdot \sim q)$, p

(12) $p \vee (\sim p \cdot q)$, $p \vee q$

Sans l'écrire, on avait justifié également au § 3 l'équivalence suivante :

$(p \cdot q) \cdot r$, $p \cdot (q \cdot r)$,

d'où nous tirons maintenant par dualité l'équivalence :

$(p \vee q) \vee r$, $p \vee (q \vee r)$

Ainsi, nous n'avons plus besoin d'imposer arbitrairement à une disjonction continue telle que '$p \vee q \vee \sim r$' dans (6) à celles de (8) et de (10) un principe de groupement ou d'association à gauche.

Nous mentionnerons encore ces équivalences duales l'une de l'autre, connues, sous le nom de *lois de De Morgan* :

(13) $\sim(p_1 \cdot p_2 \cdot \ldots \cdot p_n)$, $\sim p_1 \vee \sim p_2 \vee \ldots \vee \sim p_n$

(14) $\sim(p_1 \vee p_2 \vee \ldots \vee p_n)$, $\sim p_1 \cdot \sim p_2 \cdot \ldots \cdot \sim p_n$

Elles proviennent simplement de notre définition de '$r \vee s$' comme étant '$\sim(\sim r \cdot \sim s)$', avec la simplification par suppression de '$\sim\sim$' partout où '$\sim\sim$' figure.

Les considérations relatives à la dualité rendent elles-mêmes évident que nous aurions pu justifier (7)-(12) sans elles. Car nous aurions été en mesure d'obtenir ces équivalences en répétant le raisonnement qui avait conduit à leurs homologues § 16(1), § 20(2), (1) et (3)-(5), simplement en échangeant systématiquement 'vrai' et 'faux', '$\cdot$' et '$\vee$'. Le bénéfice qu'il y a de faire une place à la dualité est que nous économisons cette dualité d'effort.

Exercices

1. Exprimer '$p \equiv q$' de plusieurs façons aussi concises, suggestives et intéressantes que possible, en employant la conjonction, la disjonction et la négation.

2. '$p \equiv q$' est-il dual de sa négation ? Justifier la réponse.

3. Le schéma :

$$p \vee q \,.\, q \vee r \,.\, p \vee r$$

est-il autodual ? Justifier la réponse.

4. Quelles équivalences pouvons-nous inférer par dualité de § 16(2)-(3) ? De (2) ci-dessus ? De (6) ?

§ 22. Schémas en forme normale

Les schémas fonctionnels ont été définis au § 14 comme incluant les lettres de proposition ainsi que tous les composés qu'on en peut construire au moyen de la conjonction et de la négation. Nous en sommes maintenant rendu au point d'entendre cette définition sous une forme élargie, en lui faisant comprendre la disjonction.

Nous avons mis en relief l'un des avantages qu'il y a d'inclure la disjonction, c'est que grâce à elle nous sommes capables de limiter la négation aux lettres. La négation d'une conjonction se résout moyennant une transformation par (13) § 21, et la négation d'une disjonction se résout moyennant une transformation par (14) du § 21.

Nous pouvons faire plus. Nous pouvons limiter la conjonction aux lettres et à leur négation. Car chaque fois qu'une disjonction est un composant d'une conjonction, nous pouvons procéder à une transformation par (10), § 21. Cette équivalence, que l'on appelle *loi distributive*, exprime la distributivité de la conjonction par rapport à la disjonction.

Elle est analogue à la loi algébrique familière qui donne le produit par une somme sous forme d'une somme de produits :

$$x(y_1 + y_2 + \ldots + y_n) = xy_1 + xy_2 + \ldots + xy_n,$$

qui exprime la distributivité de la multiplication par rapport à l'addition.

Convenons de désigner par l'appellation collective de *littéraux*, les lettres de proposition préfixées ou non de la négation. Alors un schéma sera dit *schéma normal disjonctif* s'il est un littéral ou une conjonction de littéraux ou une disjonction de schémas dont chacun est soit un littéral soit une conjonction de littéraux. En termes négatifs, un schéma normal disjonctif est un schéma dans lequel il n'y a que les lettres qui soient niées et dans lequel toutes les conjonctions relient des littéraux. Ainsi la signification des transformations que nous venons d'énumérer, celles par § 21(10) et par § 21(13)-(14), consiste en ce qu'elles suffisent pour changer un schéma fonctionnel quelconque en un schéma normal disjonctif. J'admets tacitement l'emploi de (14) du § 16 pour simplifier par omission de '~~', et celui de (1) du § 16 pour la commutativité de la conjonction. Soit, par exemple, le schéma :

(1) $\qquad \sim(\sim(p \cdot \sim(q \cdot \sim r) \cdot q) \cdot s) \cdot p$

que des transformations successives par § 21(13) changent en :

$\qquad ((p \cdot \sim(q \cdot \sim r) \cdot q) \vee \sim s) \cdot p$
(2) $\qquad ((p \cdot (\sim q \vee r) \cdot q) \vee \sim s) \cdot p$

(par simplification tacite de '~~'). Des transformations par (10) du § 21, c'est-à-dire des applications de la distributivité, donnent par ordre de succession les résultats suivants :

$\qquad (p \cdot (\sim q \vee r) \cdot q \cdot p) \vee (\sim s \cdot p)$
$\qquad (((p \cdot \sim q) \vee (p \cdot r)) \cdot q \cdot p) \vee (\sim s \cdot p)$
(3) $\qquad (p \cdot \sim q \cdot q \cdot p) \vee (p \cdot r \cdot q \cdot p) \vee (\sim s \cdot p)$

qui est un schéma normal disjonctif. Deux des trois dernières transformations reposaient sur une version retournée de (10), § 21, mais cette mise à l'envers n'est qu'une utilisation tacite de (1) du § 16.

Les notations '$\sim p$' et '$p \cdot q$' ne sont pas les seules notations de la négation et de la conjonction qui aient cours dans les ouvrages de logique. Pour la négation certains auteurs emploient '$\overline{p}$', certains 'p'', certains '$\neg p$'. Pour la conjonction, certains emploient 'pq', certains '$p \& q$', certains '$p \wedge q$'. Le rôle prépondérant des schémas normaux disjonctifs a conduit à faire juger commode de recourir tour à tour à deux de ces notations différentes : on se servira de la barre, comme dans '$\overline{p}$' lorsque la négation ne porte que sur une lettre, et de la juxtaposition comme dans 'pq' lorsqu'on ne relie ensemble que des littéraux. Par cette convention (3) devient :

(3) $p\overline{q}\,qp \vee prqp \vee \overline{s}p.$

Nous avons étudié au § 21 un procédé mécanique pour obtenir le dual d'un schéma : on échange '$\cdot$' et '$\vee$'. Or la, notation concise que nous venons d'adopter complique cette règle. Il faut continuer à penser avec les anciennes notations lorsqu'on forme les duals.

Un schéma normal disjonctif se laisse souvent réduire à un schéma normal disjonctif plus simple. Par exemple, nous pouvons poursuivre la transformation de (3) et obtenir par ordre de succession :

	$r\overline{r} \vee prqp \vee \overline{s}p$	(2), § 20
	$prqp \vee p\overline{s}$	(9), § 21
(4)	$prq \vee \overline{s}p$	(3), § 16

La beauté des schémas normaux disjonctifs ne tient pas seulement à ce que (dans notre nouvelle notation adoptée à titre intermittent) ils sont dépouillés de parenthèses et ont un style compact. C'est surtout qu'ils étalent d'une façon particulièrement manifeste leurs conditions de vérité. Chaque composant de la disjonction enregistre un système de valeurs de vérité qui rend l'expression entière vraie. Ainsi (4) sera vrai si nous posons que 'p', 'r' et 'q' sont vrais; ou encore si nous posons que 's' est faux et 'p' vrai; il sera faux dans tous les autres cas.

La réduction aux schémas normaux disjonctifs dépend de la transformation par § 21(10) qui est l'analogue de la multiplication par une somme. Mais en algèbre, il n'y a pas de contrepartie du produit par une somme sous la forme d'une somme par un produit, c'est-à-dire qu'on n'a pas $x + yz = (x + y)(x + z)$: la multiplication est distributive par rapport à l'addition, mais l'addition n'est pas distributive par rapport à la multiplication. En logique, au contraire, règne la dualité. Et la conjonction étant distributive par rapport à la disjonction, la disjonction sera forcément distributive par rapport à la conjonction; voir (3), § 21. En effet, la loi de réductibilité aux schémas normaux disjonctifs garantit immédiatement, par dualité, l'existence d'une loi de réduction à ce qu'on appelle *schémas normaux conjonctifs*. Ces derniers, qui sont les duals des schémas normaux disjonctifs, comprennent les littéraux, les disjonctions de littéraux et les conjonctions de schémas dont chacun est soit un littéral, soit une disjonction de littéraux.

Reprenons par exemple (1); Nous le transformons en (2) comme plus haut, puis alors nous transformons, (2) par (3), § 21, en le schéma normal conjonctif :

$$(p \vee \bar{s}) \boldsymbol{.} (\bar{q} \vee r \vee \bar{s}) \boldsymbol{.} (q \vee \bar{s}) \boldsymbol{.} p$$

Il vaut maintenant la peine d'introduire une convention de notation supplémentaire : il ira sans dire que '$\boldsymbol{.}$' est toujours une ponctuation plus forte que '$\vee$', ce qui nous permettra de débarrasser nos schémas normaux conjonctifs de leurs parenthèses. Celui donné ci-dessus devient donc :

$$p \vee \bar{s} \boldsymbol{.} \bar{q} \vee r \vee \bar{s} \boldsymbol{.} q \vee \bar{s} \boldsymbol{.} p$$

D'autres simplifications sont encore possibles. Ce schéma se prête à de nouvelles transformations :

$$\overline{q} \vee r \vee \overline{s} \centerdot q \vee \overline{s} \centerdot p \qquad\qquad (2), \S\,21$$
$$(5)\quad \overline{s} \vee r \centerdot \overline{s} \vee q \centerdot p \qquad\qquad (6), \S\,21$$

Cette dernière étape dépend de ce qu'on se représente '$\overline{q} \vee r \vee \overline{s}$' et '$q \vee \overline{s}$' sous la forme '$\overline{s} \vee r \vee \overline{q}$' et '$\overline{s} \vee q$' respectivement, par emploi tacite de (7), §21. Mais sous-entendre cette équivalence est une convention judicieuse, puisque §21(7) est dual de §16(1) qu'on a l'habitude d'utiliser tacitement.

Avec (4) et (5) nous avons atteint deux équivalents de (1) concis et différents, dont l'un est un schéma normal disjonctif et l'autre un schéma normal conjonctif.

Les schémas normaux disjonctifs sont manifestement supérieurs quand il s'agit de rendre sensibles des conditions de vérité. Cela n'empêche pas les schémas normaux conjonctifs d'avoir eux aussi leur vertu propre, comme nous le constaterons au §23.

Exercices

1. Transformer (5) en une forme normale disjonctive en suivant les étapes habituelles, et voir s'il se simplifie en (4) d'une façon naturelle.

2. Transformer '$pq \vee qr \vee pr$' en une forme normale conjonctive.

3. Exprimer '$p \equiv (q \equiv r)$' (cf. *exercice* 1 du §21) en forme normale conjonctive et en forme normale disjonctive.

4. Traduire les suivants en termes de conjonction et de négation, en utilisant des abréviations :

Ni l'affaire ne sera réglée ni Dupont ne gardera son emploi à moins que le directeur des ventes soit rappelé de vacances et que l'affaire soit réglée.

Mettre le résultat en forme normale disjonctive. À supposer qu'il soit vrai, quelles éventualités sont ouvertes concernant les valeurs de vérité respectives de 'L'affaire sera réglée', de 'Dupont gardera son emploi', et de 'Le directeur des ventes sera rappelé de vacances' ?

§ 23. LA VALIDITÉ

On dira qu'un schéma est *valide* si toutes ses instances sont vraies. Par exemple le schéma '$\sim(p\bar{p})$' ou '$p \vee \bar{p}$' est valide, comme le font présumer nos remarques précédentes à propos de § 16(2). Un schéma valide est tel que sa table de vérité (§ 21) pointe chacune de ses lignes d'un 'T'.

Un schéma est valide s'il dérive d'une substitution dans un schéma valide; en effet toutes les instances du schéma dérivé sont des instances du schéma initial (*cf.* § 15), et par suite toutes les instances du schéma dérivé sont vraies si celles du schéma initial le sont.

De deux schémas équivalents, l'un est valide si et seulement si l'autre l'est; en effet l'équivalence n'est autre que l'accord des instances correspondantes en valeur de vérité (*cf.* § 16). Par exemple, puisque '$p \vee \bar{p}$' est valide, nous pouvons en inférer, moyennant une transformation inverse par § 21(8), que '$p \vee \bar{p} \vee \bar{q}$' est valide.

Une disjonction de littéraux est valide si et seulement si l'un d'entre eux est la négation d'un autre d'entre eux. Si un littéral est la négation d'un autre, cela nous donne le schéma valide '$p \vee \bar{p}$' ou '$p \vee \bar{p} \vee \bar{q}$' ou un schéma du même genre. Si au contraire aucun littéral n'est la négation d'un autre, nous pouvons obtenir une instance fausse en mettant des propositions vraies à la place des lettres préfixées de la négation et des propositions fausses à la place de celles qui figurent sans négation.

Une conjonction de deux ou de plus de deux schémas est valide si et seulement si chacun des schémas composants est valide. On le voit comme suit. Puisque chaque instance du schéma conjonctif est une conjonction d'instances des schémas qui le composent, toutes les instances du schéma conjonctif seront vraies si toutes les instances des schémas qui le composent le sont; et réciproquement si l'un des schémas composants a une instance qui est fausse, chaque instance correspondante du schéma conjonctif sera de même fausse, puisqu'elle est une conjonction de propositions dont toutes ne sont pas vraies.

C'est pourquoi il est possible de s'assurer d'un seul coup d'œil de la validité d'un schéma normal conjonctif quelconque. Car un schéma normal conjonctif est soit (a) un littéral, soit (b) une disjonction de littéraux, soit (c) une conjonction de schémas dont chacun est ou bien un littéral ou bien une disjonction de littéraux. Dans le cas (a), il n'est pas valide, attendu qu'une proposition fausse quelconque est une instance d'un littéral quelconque. Dans le cas (b), nous vérifions si le schéma est valide en regardant si l'un des littéraux est la négation d'un autre. Dans le cas (c), nous examinons si chacun des composants de la conjonction est bien une disjonction dans laquelle un littéral est la négation d'un autre.

En bref, *un schéma normal conjonctif est valide si et seulement s'il est ou bien une disjonction dans laquelle un littéral est la négation d'un autre, ou bien alors une conjonction de disjonctions ayant chacune cette propriété.*

On dispose donc là d'un test commode pour la validité d'un schéma fonctionnel quelconque : on le transformera en un schéma normal conjonctif par le procédé mécanique du § 22 et on évaluera le résultat au moyen du critère qu'on vient d'énoncer.

Prenons par exemple '$pq \vee p\overline{q} \vee \overline{p}$'. Nous le transformons en un schéma normal conjonctif :

$$p\bar{q} \vee \bar{p} \vee p \boldsymbol{.} p\bar{q} \vee \bar{p} \vee q \qquad\qquad (3), \S\,21$$
$$\bar{p} \vee p \vee p \boldsymbol{.} \bar{p} \vee p \vee \bar{q} \boldsymbol{.} \bar{p} \vee q \vee p \boldsymbol{.} \bar{p} \vee q \vee \bar{q} \qquad (3), \S\,21$$

Or ce schéma normal satisfait au critère de validité.

Mais en fait le développement de '$p\bar{q} \vee \bar{p} \vee p$' à la dernière étape était parfaitement superflu, car '$p\bar{q} \vee \bar{p} \vee p$' est visiblement déjà valide eu égard à la présence de '$\bar{p} \vee p$' à son intérieur. Quant à la seconde moitié, je veux dire '$p\bar{q} \vee \bar{p} \vee q$', c'eût été préférable de la simplifier en '$q \vee p \vee \bar{p}$' au moyen d'une transformation par (12) du § 21. Ou bien encore – et ç'aurait été la meilleure solution – nous aurions pu commencer par simplifier le schéma initial '$pq \vee p\bar{q} \vee \bar{p}$' ; car il se change directement en '$p \vee \bar{p}$' par (11) du § 21. Simplifier tout de suite est toujours de bonne politique.

Exercices

1. Si un schéma normal conjonctif est valide et s'il ne peut plus être simplifié par § 21(1) ou § 21(8), quelle longueur doit-il avoir ? Pourquoi ne peut-il pas être plus long ?

2. Déterminer par un test de validité si les schémas :

$$\sim(p\bar{q}) \vee \sim(\bar{p}q), \qquad pq \vee \bar{p}r \vee \sim(qr), \qquad p \equiv (q \equiv (p \equiv q))$$

sont valides.

§ 24. DU VRAI AU SENS DES FONCTIONS DE VÉRITÉ

Les propositions qui sont des instances de schémas fonctionnels valides sont dites *vraies au sens des fonctions de vérité* (*cf.* § 14). Par exemple, la proposition :

(1)   ~(Jupin est malade **.** ~Jupin est malade),

est vraie au sens des fonctions de vérité, en tant qu'instance du schéma valide '$\sim(p\bar{p})$'. Il est commode également, par analogie avec le § 17, d'appliquer l'épithète 'vrai au sens des fonctions de vérité' à des propositions qui sont exprimées avec les connexions usuelles en mots, mais qui donnent lieu à des instances de schémas fonctionnels valides quand on les traduit en termes de '.', de '$\vee$' et de '$\sim$'. Ainsi les propositions :

Il n'est pas vrai que Jupin est malade et non malade,
Si Jupin est malade alors Jupin est malade,

sont vraies au sens des fonctions de vérité, puisqu'elles donnent lieu à l'instance (1) de '$\sim(p\bar{p})$' lorsqu'on les traduit en conformité avec les recettes des § 3, 4 et 7. Autre exemple, les propositions :

Jupin est malade ou Jupin n'est pas malade,
Jupin est malade à moins que Jupin ne soit pas malade,

sont vraies au sens des fonctions de vérité, puisqu'elles donnent lieu à l'instance :

$\sim(\sim$Jupin est malade $.\sim\sim$Jupin est malade$)$

de '$\sim(p\bar{p})$', lorsqu'on les traduit suivant les § 5-6.

Une proposition vraie au sens des fonctions de vérité est une proposition qui est vraie sur la base de sa structure de fonction de vérité seulement. Elle demeure vraie quand on fait varier arbitrairement les propositions simples qui la constituent. Le composé (1), par exemple, reste vrai quelle que soit la proposition que l'on met pour les deux occurrences de la proposition simple 'Jupin est malade'; car toutes les variantes de ce genre de (1) sont également des instances du schéma valide '$\sim(p\bar{p})$'.

Pour découvrir si une proposition donnée S est, ou non, vraie au sens des fonctions de vérité, il ne suffit pas de prendre au hasard un schéma dont S est une instance et de tester la validité de ce schéma. S'il est confirmé qu'un tel schéma est valide, nous savons que S est vrai au sens des fonctions de vérité; mais s'il apparaît qu'il est non valide, nous n'avons pas le droit d'en conclure que S n'est pas vrai au sens des fonctions de vérité, car S peut être quand même une instance de quelque autre schéma qui est valide. La proposition (1), par exemple, est une instance de '$\sim(p\bar{q})$', de '$\sim(pq)$', de '$\bar{p}$', et encore de 'p'; or la non-validité de tous ces schémas ne peut rien contre le fait que (1) est vrai au sens des fonctions de vérité. Cependant si, parmi les divers schémas dont S est une instance, nous en choisissons un qui est le plus explicité possible – soit '$\sim(p\bar{p})$' dans le cas de (1) –, alors, en déterminant la validité de ce schéma, on décide réellement si oui ou non S est vrai au sens des fonctions de vérité. Il s'agit de chercher un schéma qui reflète dans son entier la structure fonctionnelle de S. On le trouvera en mettant des lettres uniquement pour les composants simples de S, et en utilisant la même lettre à toutes les occurrences du même composant simple, de manière que les lettres correspondent exactement aux composants simples.

Mais au lieu de remplacer les composants simples par des lettres correspondantes et de soumettre le résultat au test de validité, nous pouvons tout aussi bien appliquer cette dernière procédure directement à la proposition donnée au départ – en travaillant sur les propositions simples qui la constituent et non pas sur les lettres qui leur correspondent. Cela nous fournit, concurremment à la formulation du § 23, le *test* suivant *pour la vérité au sens des fonction de vérité* : on traduira la proposition en termes de '$\sim$', '$\vee$' et '$\cdot$', et on transformera le tout en une forme normale conjonctive. Si le résultat est une disjonction où figurent à la fois une proposition et sa négation, la proposition donnée est vraie au sens des fonctions de vérité. Si le résultat est une conjonction formée uniquement de disjonctions ayant cette propriété, la proposition donnée est encore vraie au sens des fonctions de vérité. Dans tous les autres cas elle n'est pas vraie au sens des fonctions de vérité ; bien qu'elle puisse tout de même être vraie [[réalisée]]. Soit par exemple à tester la proposition :

(2)   Si Jupin est malade alors Simon est en voyage à moins
         que Jupin soit malade et que Simon ne soit pas en
         voyage.

Employons les abréviations 'J' et 'S' pour les propositions
simples 'Jupin est malade' et 'Simon est en voyage' :

         Si J alors S à moins que J et non S.

Cela devient, en traduisant pas par pas selon les § 13 et autres :

         $\sim$(J . $\sim$S à moins que J et non S),
         $\sim$(J . $\sim$(S $\lor$ J et non S)),
         $\sim$(J . $\sim$(S $\lor$ (J . non S))),
(3) $\sim$(J . $\sim$(S $\lor$ (J . $\sim$S))).

(En traduisant ainsi, nous avons admis que le 'à moins que' de
(2) était supposé porter sur le composé par 'et' tout entier, et
que le 'alors' était supposé porter sur le composé par 'à moins
que' tout entier). Ensuite nous mettons (3) en forme normale
conjonctive :

         $\sim$J $\lor$ S $\lor$ (J . $\sim$S)   (13), § 21
         $\sim$J $\lor$ S $\lor$ J . $\sim$J $\lor$ S $\lor$ $\sim$S   (3), § 21

qui satisfait au critère du vrai au sens des fonctions de vérité.

     Ici encore nous eussions pu expédier notre affaire en
simplifiant plus tôt. Car (3) se simplifie par § 21(12) en '$\sim$(J .
$\sim$(S $\lor$ J))', qui est, par § 21(13), '$\sim$J $\lor$ S $\lor$ J'.

Exercices

     1. Tester la proposition de l'*exercice* 4 du § 22 pour
déterminer si elle est vraie au sens des fonctions de vérité.

     2. Tester les propositions suivantes pour déterminer si elles
sont vraies au sens des fonctions de vérité :

Si Jupin ne vient pas à moins que Simon vienne, et si Simon ne vient pas à moins que Robert vienne, alors Robert viendra si Jupin vient.

Si Jupin envie Simon ou l'inverse, mais s'ils ne s'envient pas l'un l'autre, alors Jupin envie Simon si et seulement si Simon n'envie pas Jupin.

§ 25. INCONSISTANCE ET FAUSSETÉ
AU SENS DES FONCTIONS DE VÉRITÉ

On dit qu'un schéma dont toutes les instances sont fausses est inconsistant. Par exemple chacun des schémas § 16(2) est inconsistant. Maints schémas ne sont, bien entendu, ni valides, ni inconsistants : à savoir tous ceux qui ont des instances vraies et des instances fausses.

Le raisonnement que nous avons tenu au § 23 à propos de la validité peut s'appliquer d'une façon rigoureusement parallèle à l'inconsistance, en échangeant seulement 'vrai' avec 'faux' et conjonction avec disjonction. Nous voyons alors qu'*un schéma est inconsistant s'il est dérivé par substitution dans un schéma inconsistant*; et également que *de deux schémas équivalents, l'un est inconsistant si et seulement si l'autre l'est*; finalement qu'*un schéma normal disjonctif est inconsistant si et seulement s'il est une conjonction dans laquelle un littéral est la négation d'un autre, ou bien alors une disjonction de conjonctions qui ont cette propriété*.

Pour tester l'inconsistance de :

(1) $p \vee q \cdot \bar{q} \vee \bar{r} \cdot \bar{p} r$,

par exemple, nous transformerons ce schéma en un schéma normal disjonctif :

$$(p \vee q \cdot \bar{q}) \vee (p \vee q \cdot \bar{r}) \cdot \bar{p} r \qquad (10), § 21$$
$$p\bar{q} \vee q\bar{q} \vee p\bar{r} \vee q\bar{r} \cdot \bar{p} r \qquad (10), § 21$$

$$p\overline{q}\overline{p}r \vee q\overline{q}\overline{p}r \vee p\overline{r}\overline{p}r \vee q\overline{r}\overline{p}r \qquad (10), \S 21$$

qui satisfait au critère d'inconsistance, et est donc inconsistant.

Comme d'habitude nous aurions gagné à simplifier tout de suite. Après réarrangement, (1) devient '$p \vee q \cdot \overline{p} \cdot \overline{q} \vee \overline{r} \cdot r$'; or '$p \vee q \cdot \overline{p}$' devient '$\overline{p}q$' par § 21(5), et '$\overline{q} \vee \overline{r} \cdot r$' devient '$r\overline{q}$', toujours par la même équivalence § 21(5); et ainsi nous avons '$\overline{p}qr\overline{q}$'.

On change les schémas valides en des schémas inconsistants aussi bien par négation que par dualité. *Un schéma est inconsistant si et seulement si sa négation est valide*; car les instances de l'un des schémas sont les négations des instances de l'autre, et par suite elles sont toutes fausses si et seulement si les instances de l'autre sont toutes vraies. En même temps *un schéma est inconsistant si et seulement si son dual est valide*. En effet, la table de vérité de l'un de ces schémas est celle de l'autre avec 'T' et '⊥' intervertis partout (*cf.* § 21); par suite, toutes les lignes de sa table sont pointées d'un '⊥' si et seulement si toutes les lignes de la table de l'autre sont pointées d'un 'T'.

Une proposition sera dite *fausse au sens des fonctions de vérité* si elle est une instance d'un schéma fonctionnel inconsistant, ou si elle est susceptible de donner lieu à une instance de schéma inconsistant au sens des fonctions de vérité, quand on la traduit en termes de '∼', de '∨' et de '.'. La proposition :

(2)   Jupin est malade . ∼Jupin est malade,

est fausse au sens des fonctions de vérité, étant une instance du schéma inconsistant '$p\overline{p}$'. De même la proposition :

Jupin est malade mais Jupin n'est pas malade,

est fausse au sens des fonctions de vérité, car elle engendre (2) par traduction selon les principes des § 3-6. Une proposition fausse au sens des fonctions de vérité est une proposition qui est fausse sur la base de sa structure de fonction de vérité seulement. Elle demeure fausse quand on fait varier arbitrai-

rement les propositions simples qui la constituent. Une proposition est fausse au sens des fonctions de vérité si et seulement
si sa négation est vraie au sens des fonctions de vérité.

Pour avoir un test qui détermine si une proposition est
fausse au sens des fonctions de vérité, nous la traduisons en
termes de '~', '∨' et '.' puis nous transformons le tout en
forme normale disjonctive. Si le résultat est une conjonction
où figurent à la fois une proposition et sa négation, la proposition donnée est fausse au sens des fonctions de vérité. Si le
résultat est une disjonction formée uniquement de conjonctions ayant cette propriété, la proposition donnée est encore
fausse au sens des fonctions de vérité. Dans tous les autres cas
elle n'est pas fausse au sens des fonctions de vérité, bien
qu'elle puisse être fausse [[non réalisée]].

Exercices

1. Tester ce schéma pour déterminer s'il est inconsistant :
$\sim(pq) . \sim(p\bar{q}) . \sim(\bar{p}q) . \sim(\bar{p}\bar{q})$.

2. Tester les propositions suivantes pour déterminer si elles
sont fausses au sens des fonctions de vérité :
> Si l'Angleterre gagne, la France gagnera aussi; en
> outre, l'Angleterre ou la France gagnera, mais elles ne
> gagneront pas toutes les deux.
>
> L'Angleterre gagnera si et seulement si l'Italie ne
> gagne pas; mais l'Angleterre et l'Italie gagneront
> toutes les deux.

§ 26. DE L'IMPLICATION ENTRE DES SCHÉMAS

On dira qu'un schéma en *implique* un autre si ces schémas,
pris dans un certain ordre, n'ont pas d'instances correspondantes telles que la première d'entre elles soit vraie et la

seconde fausse. Ainsi le schéma '*pq*' implique '*p*'. En effet, soit S_1 et S_2 des instances correspondantes de ces deux schémas, dans cet ordre. S_1 est une conjonction de deux propositions dont l'une est S_2; par suite S_1 ne serait pas vrai si S_2 était faux.

Un schéma n'en implique un autre que si la conjonction de l'un de ces schémas avec la négation de l'autre est inconsistante. En bref, l'un implique l'autre s'il est 'inconsistant avec' la négation de l'autre. L'implication de '*p*' par '*pq*' se réduit à l'inconsistance de '*pq$\overline{p}$*'. On établit ce principe de la manière suivante. Les instances d'une conjonction de deux schémas comprennent toutes les propositions et toutes les propositions seulement, qui sont des conjonctions d'instances correspondantes des deux schémas composants (ici l'ordre est indifférent). Par suite, le schéma conjonctif[1] n'aura d'instance vraie que dans le cas où les deux schémas composants ont une paire d'instances correspondantes dont toutes les deux sont vraies. Donc le schéma conjonctif sera inconsistant si et seulement si les deux schémas composants n'ont aucune paire d'instances correspondantes dont toutes les deux sont vraies. Alors, quand les schémas composants sont S_1 et la négation de S_2, le schéma conjonctif est inconsistant dans le cas seulement où S_1 et la négation de S_2 n'ont pas de paire d'instances correspondantes telle que ces deux instances soient vraies toutes les deux; c'est-à-dire dans le cas seulement où S_1 et S_2 n'ont pas de paire d'instances correspondantes telle que la première soit vraie et la seconde fausse. Mais c'est ce que nous entendons lorsque nous disons que S_1 implique S_2.

Ainsi, pour décider si un schéma en implique un autre, il nous suffit de nier le second schéma, de le relier par une conjonction au premier, et de tester ce qu'on obtient du point de vue de l'inconsistance, par la méthode indiquée au § 25.

---

1. [[Un *schéma conjonctif* n'est pas forcément un schéma *normal* conjonctif : cf. § 26(1).]]

Par exemple pour apercevoir que '$p \vee q \cdot \bar{q} \vee \bar{r}$' implique '$\sim(\bar{p}r)$', nous testerons :

(1) $p \vee q \cdot \bar{q} \vee \bar{r} \cdot \sim\sim(\bar{p}r)$,

i.e. § 25(1), du point de vue de l'inconsistance (cela a déjà été fait).

La comparaison entre la définition de l'implication et celle de l'équivalence (§ 16) révèle que *l'équivalence est une implication dans les deux sens* : deux schémas sont équivalents si et seulement s'ils s'impliquent l'un l'autre. Par suite, on aura testé une équivalence en testant deux implications selon la manière ci-dessus. Il est vrai qu'il y a un moyen moins lourd d'établir l'équivalence de deux schémas, c'est transformer l'un de ces schémas en l'autre par § 16(1)-(6) : c'est de cette façon qu'on a établi les diverses équivalences du § 20. Mais cette méthode n'a pas le caractère d'un *test* mécanique. La découverte de la suite singulière des étapes des transformations par § 16(1)-(6), qui conduisent d'un schéma S_1 à un schéma S_2, se fait par tâtonnements ; il se peut que nous ne réussissions pas à mettre la main sur la suite appropriée des étapes, alors même que celle-ci existe. Partant, quoique la découverte d'une telle suite établisse l'équivalence de S_1 et de S_2, l'incapacité d'en découvrir une ne nous assurera pas à elle seule que S_1 et S_2 ne sont pas équivalents. Au contraire, le test d'équivalence que nous venons de formuler, comme les tests pour l'implication, la validité et l'inconsistance, conduit systématiquement et infailliblement à une décision finale – par oui ou par non – dans quelque cas que ce soit.

Exercice

Des cinq schémas suivants, lequel implique lequel ?

p, pq, $\sim(\bar{p}\bar{q})$, $p \vee p\bar{q}$, $q \cdot \sim(\bar{p}q)$.

(Cet *exercice* sera donné par morceaux si vingt tests d'implication paraissent représenter une tâche excessive).

§ 27. L'IMPLICATION AU SENS DES FONCTIONS DE VÉRITÉ

On dit qu'une proposition en *implique* une autre *au sens des fonctions de vérité* (*cf.* § 14), si ces deux propositions sont, dans cet ordre, des instances correspondantes de schémas fonctionnels, tels que le premier de ces schémas implique l'autre. Ou, ce qui revient au même, compte tenu du § 26, une proposition en implique une autre au sens des fonctions de vérité, si la conjonction de la première de ces propositions avec la négation de l'autre est fausse au sens des fonctions de vérité. Eu égard au § 25 nous disposons donc du test suivant pour l'implication au sens des fonctions de vérité : deux propositions étant données, nous les traduisons d'abord en termes de '∼', de '∨' et de '.' ; puis nous formons la conjonction de la première de ces propositions avec la négation de l'autre ; puis nous mettons le tout en forme normale disjonctive (en simplifiant, si le cœur nous en dit). Si le résultat obtenu est une conjonction – respectivement une disjonction de conjonctions – dans laquelle (respectivement dans lesquelles) figurent une proposition et sa négation, alors la première des propositions données implique la seconde au sens des fonctions de vérité ; et sinon elle ne l'implique pas.

Par exemple pour voir que la proposition :

(1)   Robert est responsable à moins que Jupin et Simon, soient là,

implique au sens des fonctions de vérité la proposition :

(2)   Si Jupin n'est pas là, Robert est responsable,

nous les traduisons en :

(3) $R \vee (J . S)$,
(4) $\sim(\sim J . \sim R)$,

où 'R', 'J' et 'S' sont des abréviations de 'Robert est responsable', 'Jupin est là' et 'Simon est là'. Puis nous relions (3) par
une conjonction à la négation de (4), ce qui nous donne :

$$R \vee (J \cdot S) \cdot {\sim}J \cdot {\sim}R,$$

en biffant la double négation en cours de route. La partie 'R ∨
(J . S) . ~R' se simplifie alors en '~R . J . S' par § 21(5), et
l'ensemble devient '~R . J . S . ~J'. Ce qui fait apparaître que
(1) implique bien (2).

Tout de même que l'équivalence entre des schémas est
une double implication (*cf.* § 26), l'équivalence au sens des
fonctions de vérité entre des propositions est une double implication au sens des fonctions de vérité. Cela nous permet de
tester l'équivalence au sens des fonctions de vérité en testant
deux implications au sens des fonctions de vérité, selon la
méthode indiquée plus haut.

Quand nous testons l'implication au sens des fonctions de
vérité, nous déterminons si l'une des propositions s'ensuit de
l'autre sur la base uniquement de la structure de fonction de
vérité de ces deux propositions. Dire qu'une proposition en
implique une autre au sens des fonctions de vérité, ce n'est pas
simplement nier que ces propositions sont respectivement
l'une vraie et l'autre fausse, c'est nier aussi qu'il existe deux
propositions *quelconques*, identiques sous le rapport de leur
structure fonctionnelle aux propositions données, et cependant
l'une vraie et l'autre fausse, respectivement. (On trouvera au
§ 17 des remarques parallèles touchant l'équivalence au sens
des fonctions de vérité).

Arrivé ici, le lecteur pourrait être tenté de considérer
l'implication au sens des fonctions de vérité comme une
conditionnelle stricte, c'est-à-dire qui institue entre ses deux
composants une connexion plus étroite que ne le fait la conditionnelle comme fonction de vérité du § 7. Il semblerait donc
que nous aurions dévié de la ligne de conduite que nous nous

étions fixée (§ 9), de ne nous intéresser qu'aux modes de
composition des propositions par des fonctions de vérité. Mais
c'est une confusion. Quand nous disons qu'une proposition en
implique une autre au sens des fonctions de vérité (ou que deux
propositions sont équivalentes au sens des fonctions de vérité),
nous parlons *sur* ces propositions ou sur leur structure considérée du point de vue des modes de composition par fonctions
de vérité. La proposition :

(1) implique (2) au sens des fonctions de vérité,

n'est pas elle-même un composé des propositions (1) et (2) et
le fait est que ces propositions mêmes n'y figurent pas ; ce qui y
figure ce sont des noms *de* ces propositions, à savoir '(1)' et
'(2)' ; c'est pour cette raison que cette proposition dit quelque
chose *sur* les propositions (1) et (2). Par ailleurs la proposition
(2) est un véritable composé des propositions 'Jupin n'est pas
là' et 'Robert est responsable' ; ces propositions figurent dans
(2), et (2) ne porte pas *sur* ces propositions, mais sur Jupin et
Robert. 'Si... alors' est une connexion entre des propositions,
tandis que 'implique au sens des fonctions de vérité' n'en est
pas une ; c'est un verbe transitif, une connexion entre des
substantifs, et, plus particulièrement, une connexion entre des
noms de propositions [1].

Exercices

1. Des propositions suivantes, lesquelles impliquent
lesquelles au sens des fonctions de vérité ?

Jupin viendra,

Jupin viendra à moins que Simon l'en prie,

Simon ne priera pas Jupin de venir, mais Jupin viendra,

---

1. Cf. *Mathematical Logic*, § 4-5 ; et aussi A. Tarski, *Introduction to Logic*,
New York, 1941, p. 29-32 ; R. Carnap, *Logical Syntax of Language*, New York-
Londres, 1937, p. 153-160, 245-260.

Jupin ne viendra que si Simon l'en prie, mais Simon l'en priera.

2. Quelles sont celles des propositions suivantes qui sont équivalentes au sens des fonctions de vérité? Démontrer chaque équivalence en traduisant les propositions en termes de conjonction et de négation, en employant des abréviations comme au § 10, et ensuite en transformant l'une des propositions en l'autre.

Le reste des indigènes émigrera s'il y a une sécheresse ou un ouragan cette année.

Le reste des indigènes émigrera s'il y a une sécheresse cette année ou le reste des indigènes émigrera s'il y a un ouragan cette année.

Le reste des indigènes émigrera s'il y a une sécheresse et un ouragan cette année.

Le reste des indigènes émigrera s'il y a une sécheresse cette année, et le reste des indigènes émigrera s'il y a un ouragan cette année.

S'il y a une sécheresse cette année, alors s'il y a un ouragan cette année le reste des indigènes émigrera.

3. Recommencer cet *exercice* en procédant, pour chaque cas possible, à deux tests d'implication.

III
LA QUANTIFICATION

Jusqu'ici, lorsque nous analysions des propositions, nous nous contentions de les analyser de telle manière que les composants que nous dégagions étaient encore des propositions. Par suite les propositions qui ne sont pas composées d'autres propositions représentaient la limite que notre analyse ne pouvait pas franchir. Mais maintenant nous allons décomposer ces propositions en considérant des expressions qui y interviennent et qui ne sont pas des propositions. Ces analyses plus fines porteront sur des tours qui font intervenir 'quelque chose' et des expressions apparentées.

Les propositions vraies :

(1)   Londres est grand et bruyant,
(2)   Londres est grand et Londres est bruyant,

ne sont visiblement que deux façons de dire la même chose ; lorsqu'on passe en symboles, elles s'écrivent comme la conjonction :

Londres est grand . Londres est bruyant

des deux propositions vraies 'Londres est grand' et 'Londres est bruyant'. De même les propositions fausses :

(3)   Londres est grand et petit,

(4)   Londres est grand et Londres est petit,

ne sont que deux manières d'écrire la conjonction :

Londres est grand . Londres est petit

de 'Londres est grand' qui est vrai, et de 'Londres est petit' qui est faux. Par ailleurs les propositions :

(5)   Quelque chose est grand et petit,
(6)   Quelque chose est grand et quelque chose est petit,

ne sont précisément *pas* deux manières de dire la même chose. Car (6) équivaut à la conjonction :

Quelque chose est grand . Quelque chose est petit

des propositions vraies 'Quelque chose est grand' et 'Quelque chose est petit', et est donc vrai. Or (5), loin d'être traduisible en cette conjonction vraie, est faux.

La ressemblance superficielle entre (5)-(6) et (1)-(2) d'une part, (3)-(4) d'autre part, est donc trompeuse. L'élément logique de propositions comme (5)-(6) ne peut être élucidé qu'en recourant à une construction plus fine :

(7)   Il y a quelque chose tel qu'il est grand et petit,
(8)   Il y a quelque chose tel qu'il est grand et il y a quelque chose tel qu'il est petit.

La ressemblance fallacieuse entre (5) et (1) et (3) disparaît lorsque (5) est mis sous la forme (7). Ce qui crée la ressemblance entre (1) et (3), ce n'est pas (7) pris comme un tout, mais son fragment :

(9)   il est grand et petit.

Si leur ressemblance est ainsi circonscrite, il n'y a rien à objecter. Car il est parfaitement *légitime* de développer la partie (9) en :

(10)   il est grand et il est petit,

tout comme (1) peut être développé en (2) et (3) en (4). Nous avons tout à fait le droit de paraphraser (7) sous la forme :

(11)   Il y a quelque chose tel qu'il est grand et qu'il est petit,

qui reste cependant fondamentalement différent de (6) et de (8). Tandis que (11) consiste en un préfixe 'il y a quelque chose tel que' suivi d'une expression (10) qui a la forme d'une conjonction, (8) en revanche est une conjonction de deux propositions qui commencent chacune par un préfixe de ce genre.

Pour faire un pas vers une notation concise, nous écrirons '∃' pour 'il y a'. Ainsi (11) devient :

(12)   ∃ quelque chose tel que (il est grand . il est petit),

alors que (8) devient :

(13)   ∃ quelque chose tel qu'il est grand . ∃ quelque chose tel qu'il est petit.

Or (12) équivaut à (11) et à (7) et à (5), et est faux. Au contraire, (13) équivaut à (8) et à (6) et est vrai.

Exercice

Jusqu'à quel point les réflexions précédentes sur 'quelque chose' peuvent-elles s'appliquer à 'aucune chose… ne…', à 'rien… ne…', à 'toute chose' ? Procéder à un examen minutieux pour déceler où s'arrête éventuellement l'analogie.

§ 29. LES QUANTEURS

En langage usuel, si nous avions à exprimer que ce que

(1)   Boston est loin de Londres

dit de Londres est vrai d'un objet, nous mettrions 'quelque chose' à la place de 'Londres' et nous obtiendrions :

(2)   Boston est loin de quelque chose.

Mais si nous symbolisons comme au § 28, il nous faut procéder autrement : nous mettons 'en' pour 'Londres' dans (1) et nous préfixons '∃ quelque chose tel que', ce qui nous donne :

(3)   ∃ quelque chose tel que Boston en est loin.

De même, pour exprimer que ce que (2) dit de Boston est vrai d'un objet, nous mettrions 'quelque chose' à la place de 'Boston', et nous obtiendrions :

(4)   Quelque chose est loin de quelque chose.

Si nous symbolisons, nous mettons 'il' à la place de 'Boston' dans (2), et nous préfixons '∃ quelque chose tel que', ce qui nous donne :

(5)   ∃ quelque chose tel qu'il est loin de quelque chose.

Mais dans (5), la partie :

(6)   il est loin de quelque chose,

requiert encore une traduction symbolique. Pour voir comment en trouver une, nous revenons à la traduction symbolique (3) de (2). Puisque (6) est identique à (2) sauf qu'il comporte un 'il' à la place de 'Boston', la traduction correcte de (6) en symboles semblerait être (3) avec 'il' à la place de 'Boston' :

(7)   ∃ quelque chose tel qu'il en est loin.

Alors, en mettant (7) à la place de (6) dans (5), nous obtenons comme expression symbolique complète de (5) :

(8)   ∃ quelque chose tel que ∃ quelque chose tel qu'il en est loin.

Or, il est clair que ce résultat n'est pas satisfaisant, car on ne sait pas auquel des deux 'quelque chose' renvoient les deux pronoms indéfinis 'il' et 'en'. Nous pouvons surmonter cette difficulté en affectant des indices numériques arbitraires à 'quelque chose', à 'il' et à 'en'. Ainsi (3) et (5) seront-ils rendus éventuellement par :

(9) $\exists$ quelque chose$_2$ tel que Boston en$_2$ est loin,
(10) $\exists$ quelque chose$_1$ tel qu'il$_1$ est loin de quelque chose.

Or la partie de (10) qu'est :

(11)   il$_1$ est loin de quelque chose,

ne diffère de (2) qu'en ce qu'elle comporte 'il$_1$' à la place de 'Boston'; en conséquence, de même que (2) se symbolise par (9), de même (11) se symbolise par :

(12) $\exists$ quelque chose$_2$ tel qu'il$_1$ en$_2$ est loin.

Alors, en mettant (12) à la place de (11) dans (10), nous obtenons :

(13) $\exists$ quelque chose$_1$ tel que $\exists$ quelque chose$_2$ tel qu'il$_1$ en$_2$ est loin,

qui est une version symbolique complète de (10) (et de (4)). Ce résultat est exempt du défaut signalé à propos de (8).

Cet emploi d'indices pour distinguer les différents sujets auxquels renvoient des pronoms indéfinis de rappel évoque l'usage qu'on fait couramment des locutions 'le premier' et 'le second'. Ainsi une version littérale de (13) en mots serait :

Il y a quelque chose tel qu'il y a quelque chose tel que le premier est loin du second.

On a coutume d'abréger cette notation en écrivant '$(\exists x)$', '$(\exists y)$', etc., au lieu de '$\exists$ quelque chose tel que' pourvu de divers indices, en réutilisant la même lettre chaque fois qu'apparaît un 'il', un 'lui' ou un 'en', pourvu de l'indice correspondant. Après cette révision, (9) et (13) s'écrivent :

(14) $(\exists x)$ Boston est loin de x,
(15) $(\exists y)(\exists x)$ y est loin de x;

de même, (12) et (13) du § 28 deviennent :

(16) $(\exists x)(x$ est grand . x est petit),
(17) $(\exists x)\,x$ est grand . $(\exists y)\,y$ est petit.

Cette dernière expression pourrait en fait tout aussi bien être écrite :

(18) $(\exists x)\,x$ est grand . $(\exists x)\,x$ est petit,

car la nécessité d'employer des lettres distinctes ne se manifeste que dans des cas comme (15).

On appelle *quanteurs* les préfixes '$(\exists x)$', '$(\exists y)$', etc. Lorsque la construction de propositions fait appel à leur concours, on parle de quantification. Une proposition où figurent des quanteurs s'appellera aussi une quantification. Un quanteur se lit 'Il y a quelque chose x tel que'. Par exemple, on lira (15) ainsi : 'Il y a quelque chose x tel qu'il y a quelque chose y, tel que y est loin de x'.

Exercice

Traduire les propositions suivantes en utilisant la quantification et la conjonction :

    Sadie a volé quelque chose au Marché,
    Sadie a volé quelque chose au Marché mais l'a rendu,
    Sadie a volé quelque chose au Marché et l'a échangé
    contre quelque chose.

§ 30. Variables et énoncés ouverts

L'occurrence de 'x' dans '$(\exists x)$' répond, nous l'avons vu, à 'quelque chose' ou à 'quelque chose tel que' ; la récurrence des 'x' après '$(\exists x)$' répond aux occurrences de 'il' ou de 'lui' ou de 'en' qui renvoient à 'quelque chose'. Suivant l'usage, on dira que 'x' est une *variable*. Pour ne pas risquer d'être à court de variables, nous en formerons de nouvelles au moyen des accents. Nos variables seront donc : 'u', 'v', 'w', 'x', 'y', 'z', 'u'', 'v'', 'u''', etc.

Il y a peu d'analogies entre les variables et les lettres de proposition. Celles-ci figurent dans des places susceptibles d'être normalement occupées par des propositions, les variables non. Les variables figurent dans des places de noms et de pronoms, voir par exemple 'loin de x' ou 'x est grand'. En outre les variables figurent aussi dans les quanteurs, ce qui n'arrive point aux lettres de proposition. Une autre différence essentielle est que, au contraire des lettres de proposition, qui figurent dans les schémas, mais jamais dans les propositions, les variables figurent nettement dans des propositions ; par exemple, 'x' figure dans la proposition § 29(14), qui est l'équivalent symbolique de la proposition § 29(2).

Seulement, une variable ne peut pas figurer dans une proposition à moins qu'un quanteur y soit présent. Dans § 29(16), la partie 'x est grand' n'est pas une proposition, mais un simple fragment de telle ou telle proposition comme (16)-(18) du § 29. Des fragments de ce genre sont appelés *énoncés ouverts* ; ainsi un énoncé ouvert est une expression qui n'est pas une proposition, mais qui peut devenir une proposition si on lui applique un ou plus d'un quanteur. L'énoncé ouvert 'x est grand', par exemple, sera changé en la proposition '$(\exists x)x$ est grand' par application de '$(\exists x)$'. L'énoncé ouvert :

(1) x est grand . x est petit,

sera changé en la proposition (16) du § 29 par application de '$(\exists x)$'. (L'application du quanteur entraîne ici l'adjonction de parenthèses, puisqu'on a affaire à une conjonction). L'énoncé ouvert :

(2) $(\exists x)y$ est loin de x,

se changera en la proposition (15) du § 29 par application de '$(\exists y)$'. L'énoncé ouvert :

(3) y est loin de x,

se changera en la proposition (15) du § 29 par application successive des deux quanteurs '$(\exists x)$' et '$(\exists y)$'.

Un énoncé ouvert a toujours la forme d'une proposition, mais il présente des variables qui ne sont régies par aucun quanteur. En langage usuel, l'analogue d'un énoncé ouvert comporterait un 'il', un 'cela' ou 'le premier', 'le second' au lieu de ces variables (*cf.* § 29). Ainsi 'x est grand' répond aux mots 'il est grand' ou 'c'est grand'; (2) à 'il est loin de quelque chose', et (3) à 'le premier est loin du second'. Une variable sans quanteur associé revient dans la phrase en mots comme un pronom flottant, – un pronom qui serait en quête d'un antécédent. Les énoncés qui contiennent des pronoms de ce genre sont les répliques de nos énoncés ouverts.

Sans doute existe-t-il des tours dans lesquels 'il' ou 'ce', etc. n'appellent pas d'antécédent – par exemple, dans 'il pleut'; et il y a des circonstances où l'antécédent qu'on donne au pronom est sous-entendu, par exemple lorsqu'on dit 'c'est escarpé' en regardant la tour Eiffel. C'est comme cela qu'il arrive que d'authentiques propositions, ou des indications elliptiques d'une proposition, contiennent 'il' ou 'ce' sans antécédent exprimé. Cependant, considérés indépendamment de toute référence à un antécédent sous-entendu, les énoncés 'c'est escarpé', 'il est loin de quelque chose', 'le premier est loin du second', etc., n'affirment visiblement rien du tout et ne sont aucunement des propositions; ce ne sont que de simples fragments, à insérer dans la trame d'expressions plus longues, lesquelles, globalement, sont des propositions. Dans la langue usuelle les fragments de ce genre sont les prototypes des énoncés ouverts.

Puisque toutes les formes que les propositions sont capables de prendre, les énoncés ouverts peuvent également les avoir, un énoncé ouvert peut en particulier avoir la forme d'une négation, ainsi '$\sim x$ est grand'. Semblablement, un énoncé ouvert peut être une conjonction, par exemple (1), ou une quantification, par exemple (2). On ne peut donc plus dire que la négation change une proposition en une proposition; on devra dire qu'elle change une proposition en une proposition et un énoncé ouvert en un énoncé ouvert. De même la conjonction n'unit plus seulement des propositions pour former une proposition, elle unira éventuellement des énoncés ouverts, ou une proposition et un énoncé ouvert, pour former un énoncé ouvert. Bien mieux, la quantification produit des propositions *ou bien* des énoncés ouverts : appliquée à (1), elle donne la proposition § 29(16); appliquée à (3), l'énoncé ouvert (2).

Il arrive que dans certains contextes les quanteurs posent un problème d'interprétation. Comment faut-il comprendre les formes suivantes :

(4) $(\exists x)(x$ est une ville . $(\exists x)\,x$ est grand),
(5) $(\exists x)$ Socrate est mortel,
(6) $(\exists x)\,y$ est mortel.

Nous pourrions les exclure en imposant certaines restrictions d'ordre grammatical à l'emploi des quanteurs. Mais une façon plus simple d'opérer est de conserver à notre grammaire sa simplicité, en adoptant des conventions supplémentaires d'interprétation pour les cas embarrassants. Dans (4), où '$(\exists x)$' régit un énoncé ouvert dans lequel '$(\exists x)$' réapparaît, le 'x' de 'x est grand' pourrait évidemment renvoyer soit au plus éloigné, soit au plus proche des deux '$(\exists x)$'. Et la meilleure convention est de poser qu'il renverra au plus proche. Ainsi (4) se lira simplement comme :

$(\exists x)(x$ est une ville . $(\exists y)\,y$ est grand),

i.e. 'Il existe quelque chose tel que c'est une ville et quelque chose est grand'.

Touchant (5) et (6), la meilleure convention est qu'un quanteur soit traité comme inactif et vide toutes les fois qu'il n'y a pas, dans ce qui le suit, de récurrence de sa variable. Moyennant quoi, (5) se comprendra comme s'il y avait simplement 'Socrate est mortel' qui est une proposition, et (6) se comprendra comme l'énoncé ouvert '*y* est mortel'.

Exercices

1. Lesquels d'entre les suivants sont des propositions, lesquels des énoncés ouverts? L'un n'est ni l'un ni l'autre. Justifier les réponses.

$(\exists x)$(Tom a échangé x contre $y \cdot p$),

$(\exists x)$(Tom a échangé x contre y . Tom a perdu y),

$(\exists x)((\exists y)$ Tom a échangé x contre y . Tom a perdu y),

$(\exists x)(\exists y)$ (Tom a échangé x contre y . Tom a perdu y),

$(\exists x)((\exists y)$ Tom a échangé x contre y . $(\exists y)$ Tom a perdu y),

$(\exists y)((\exists x)$ Tom a échangé x contre y . Tom a perdu y).

2. Donner de chaque proposition et de chaque énoncé ouvert de l'*exercice* 1 une traduction en mots aussi concise et naturelle que possible.

§ 31. Variantes de 'quelque'

Nous avons vu que le quanteur est la contrepartie symbolique de la locution verbale 'il y a quelque chose tel que', et que la récurrence de sa variable correspond à la présence d'un pronom de rappel ('il', 'en', 'y', 'cela', etc.). Cette locution verbale possède des variantes qui ont un sens identique, par exemple 'il y a une chose telle que', 'il y a au moins une chose telle que'. Des synonymes de 'chose', comme 'objet' ou 'entité' peuvent apparaître, et 'il existe' être employé au lieu de 'il y a'. Ces tours se mettront aussi au pluriel sans changer de sens, en donnant 'il y a une ou plusieurs choses telles que', 'une ou plusieurs entités existent telles que', etc. On a le droit de les rendre simplement par 'il y a certaines choses telles que', 'il y a des choses telles que', etc., pourvu qu'on leur donne le sens de 'il y a une ou plus d'une chose', et non pas le sens de 'il y a deux ou plus de deux'. La notation de la quantification exposée aux § 28-30 est la contrepartie de toutes ces variantes verbales, et de d'autres encore, comme nous l'allons voir.

L'assemblage 'tel qu'il' ou 'tels qu'ils' est d'ordinaire condensé en 'qui'. Au lieu de dire 'Il y a quelque chose tel qu'il guérit la malaria', nous disons ordinairement :

(1)   Il y a quelque chose qui guérit la malaria.

L'assemblage 'quelque chose tel qu'il est', suivi d'un substantif, disparaît d'ordinaire complètement ; au lieu par exemple de dire 'Il y a quelque chose tel qu'il est un veau à cinq pattes', ou 'Quelque chose tel qu'il est un veau à cinq pattes existe', nous disons simplement 'Il y a un veau à cinq pattes', 'Un veau à cinq pattes existe'. Les locutions correspondantes au pluriel : 'des choses telles qu'elles sont', 'des entités telles qu'elles sont', etc., sont également omises d'ordinaire, quand elles sont suivies de substantifs. Au lieu, par exemple, de dire 'Il y a des choses telles qu'elles sont des veaux à cinq pattes', ou 'Des choses telles qu'elles sont des veaux à cinq pattes existent', nous dirons simplement :

(2)   Il y a des veaux à cinq pattes,
(3)   Des veaux à cinq pattes existent.

Quant au symbolisme, il reste le même :

(4) $(\exists x)\, x$ guérit la malaria,
(5) $(\exists x)\, x$ est un veau à cinq pattes.

Notons accessoirement que ce dernier est analysable plus en détail :

(6) $(\exists x)(x$ est à cinq pattes . x est un veau).

Il y a maintes façons de traduire les quantifications en mots ; ou, pour prendre l'affaire par son autre bout, il y a maints tours de phrase qui donnent lieu à une quantification identique quand on les rend en symboles. À côté de la variété considérable des périphrases que nous avons signalées, nous devons inclure la solution relevée pour la première fois en § 28(5)-(6), § 29(2) et § 29(4) ; elle consiste à construire 'quelque chose' comme un vrai substantif qu'on place dans le corps d'une proposition sans le faire accompagner de 'il y a', de 'existe', ni de 'il'. Ce tour présente lui aussi ses sous-variantes. Au lieu de 'quelque chose' on rencontrera 'un objet', 'une entité', 'certain objet', 'au moins une chose', etc. ; et comme dans les contextes examinés plus haut, ces formes se mettront au pluriel sans changer de sens. Tous ces tours usuels sont traduisibles en symboles exactement de la manière dont § 28(5)-(6), § 29(2) et § 29(4) ont été traduits en § 29(14)-(18) ; à savoir en introduisant une variable à la place de 'quelque chose' ou de son équivalent et en préfixant un quanteur.

Exercice

Regarder de combien de façons supplémentaires vous pouvez faire l'*exercice* 2 du § 30 à la lumière du présent paragraphe.

§ 32. 'QUELQUE' RESTREINT

Il y a un autre ensemble important de locutions, qui sont exactement semblables à celles considérées au § 31, à ceci près que les mots 'chose', 'objet', 'entité', etc., introduisent des termes plus restrictifs tels que 'ville', 'veau', etc. Par exemple, comme pendant à § 29(2), on aura la proposition plus déterminée :

(1)   Boston est loin de quelque ville.

Cela se paraphrasera en :

> Il y a quelque chose tel que c'est une ville et que Boston
> en est loin,

qui, par passage en symboles, devient :

(2) $(\exists x)(x$ est une ville $\cdot$ Boston est loin de $x)$.

La traduction de (1) par (2) diffère de la traduction de § 29(2)
par § 29(14), en ceci seulement que 'x est une ville' y est inséré
par conjonction. Semblablement, alors que 'Quelque chose a
cinq pattes' passe en symboles sous la forme :

> $(\exists x)$ x a cinq pattes,

'Quelque veau a cinq pattes' devient en symboles :

> $(\exists x)(x$ est un veau $\cdot$ x a cinq pattes),

ce qui n'est qu'une nouvelle manière de dire qu'il y a un veau à
cinq pattes (*cf.* (6), § 31).

Il arrive que dans ces emplois 'un' tienne simplement lieu
de 'quelque'. Par exemple 'J'ai écrit un poème', soit en
symboles :

(3) $(\exists x)(x$ est un poème $\cdot$ j'ai écrit $x)$.

Cependant, en général, il n'y a pas à compter sur 'un' pour
véhiculer le sens de 'quelque'. Quand je dis 'Je hais un
menteur' où 'Un menteur m'est odieux', il est probable que
j'entends non pas seulement qu'il y a au moins un menteur
auquel je voue de la haine, mais plutôt que je hais tout menteur.
Dans le genre d'association des parties du discours que nous
étudions présentement, de même que ci-dessus dans le cas de
la composition des propositions (§ 5,11), il ne faut pas espérer
qu'on pourra instituer des règles complètes et absolues pour la
traduction des mots en symboles; ici encore nous avons à
deviner les intentions signifiantes.

Ce qu'on réalise en mettant un nom restrictif pour le 'chose' de 'quelque chose', comme en (1), est aussi réalisé ordinairement en gardant 'quelque chose', mais en le restreignant par addition d'un adjectif. En voici un exemple : 'Quelque chose de bon est dans la boîte', qui, en symboles, devient :

(4) $(\exists x)(x$ est bon . x est dans la boîte);

un autre exemple est 'Quelque chose de grand est petit', qui en symboles donne (16) du § 29. Ou bien encore, au lieu d'un adjectif, on recourt à une relative introduite par 'qui' ou 'que' ou bien à un complément circonstanciel. Exemple, la proposition :

(5)   Quelque chose qui pond des œufs nourrit ses petits,

devient, en symboles :

$(\exists x)(x$ pond des œufs . x nourrit ses petits).

De même la proposition :

(6)   Il y a quelque chose dans mon armoire qui guérit la malaria,

formée en ajoutant un complément circonstanciel dans § 31(1), se symbolise en :

$(\exists x)(x$ est dans mon armoire . x guérit la malaria).

Ces deux procédés sont souvent combinés ensemble. Par exemple, nous pouvons enlever le 'chose' de (5) et le remplacer par le terme plus restrictif 'bipède', ce qui donne :

(7)   Quelque bipède qui pond des œufs nourrit ses petits,

qui se symbolise en :

(8) $(\exists x)(x$ est un bipède . x pond des œufs . x nourrit ses petits).

Ou bien, en insérant 'qui vit en Australie' après 'quelque chose' dans (5), nous obtenons une proposition qui se symbolise par :

$$(\exists x)(x \text{ vit en Australie . } x \text{ pond des œufs . } x \text{ nourrit ses petits}).$$

Le 'quelque' de ces locutions peut, comme dans celles du § 31, être rendu tantôt par 'au moins un', tantôt par 'un certain'. Toutes ces locutions peuvent aussi prendre le pluriel, sans que leur sens en soit modifié. Par exemple 'Quelque veau est à cinq pattes' s'articulera aussi bien 'Un ou plusieurs veaux sont à cinq pattes', ou simplement 'Quelques veaux sont à cinq pattes', pourvu que nous entendions le pluriel 'Quelques' au sens de 'Un ou plus d'un', mais non pas au sens de 'Deux ou plus de deux'. Semblablement (7) pourrait s'articuler 'Quelques bipèdes qui pondent des œufs nourrissent leurs petits'. Fréquemment aussi, 'quelques', apposé ainsi à un nom au pluriel, est inutilement précisé en 'quelques ... parmi les'.

Exercices

1. Regarder de combien de nouvelles manières vous pouvez faire l'*exercice* précédent à la lumière du présent §.

2. Paraphraser ce qui suit en une quantification d'une conjonction de sept énoncés ouverts :

Je transportais et j'examinais un paquet carré et vert dont la provenance et le contenu m'étaient l'une et l'autre inconnus.

§ 33. 'AUCUN'

Quand une proposition contient 'quelque' (et en particulier 'quelque chose'), attacher 'ne... pas' à son verbe principal n'a pas en général pour effet de produire une négation de cette proposition (*cf.* § 4). D'habitude cela ne produit qu'une autre

proposition du type 'quelque', et non pas la négation d'une
proposition de ce type. Par exemple 'Quelque chose n'ennuie
pas Gustave' n'est pas la négation de 'Quelque chose ennuie
Gustave'. Alors que cette dernière proposition devient en
symboles :

(1) $(\exists x)\, x$ ennuie Gustave,

la première n'exprime pas sa négation, qui serait :

(2) $\sim(\exists x)\, x$ ennuie Gustave,

mais plutôt une autre proposition quantifiée :

(3) $(\exists x) \sim x$ ennuie Gustave,

laquelle a pour effet de faire connaître qu'il y a au moins
quelques choses dans l'univers qui n'ennuient pas Gustave.
(1) et (3), loin d'être la négation l'une de l'autre, sont
probablement toutes les deux vraies.

La méthode usuelle pour nier 'Quelque chose ennuie
Gustave' consiste plutôt à changer 'quelque' en 'aucune… ne'
ou 'quelque chose' en 'rien… ne'. Ainsi (2) est la version symbolique de 'Rien n'ennuie Gustave'. Chacune des locutions de
type 'quelque' des paragraphes précédents peut semblablement être niée en changeant simplement 'quelque' en 'aucun'
[[et en ajoutant plus loin 'ne']]. Pour nier § 28(5), nous disons
'Aucune chose n'est grande et petite' ; pour nier § 32(1), nous
disons 'Boston n'est loin d'aucune ville' ; pour nier § 31(2),
nous disons 'Il n'y a aucun veau à cinq pattes' ; pour nier
§ 32(7), nous disons 'Aucun bipède qui pond des œufs ne
nourrit ses petits'. En symboles :

(4) $\sim(\exists x)(x$ est grand $.\, x$ est petit),

(5) $\sim(\exists x)(x$ est une ville $.\,$ Boston est loin de x),

(6) $\sim(\exists x)(x$ est à cinq pattes $.\, x$ est un veau),

(7) $\sim(\exists x)(x$ est un bipède $.\, x$ pond des œufs $.\, x$ nourrit ses
             petits).

La notation avec quanteur nous permet donc de traduire non seulement toutes les locutions de type 'quelque' des paragraphes précédents, mais encore de traduire toute une série homologue de locutions de type 'aucun' (ou 'rien'). Au niveau des symboles, la différence entre ces deux séries de locutions se résume à la présence d'un signe initial de négation.

Exactement comme '$(\exists x)$' se lit 'il y a quelque chose x tel que', l'assemblage de signes '$\sim(\exists x)$' dans (2) et dans (4)-(7) se lira 'il n'y a aucune chose x telle que'. Tout de même qu'une proposition comme (1) est vraie si et seulement si la partie qui suit '$(\exists x)$' est vraie de *quelque* entité (dont on pourrait mettre le nom à la place de x dans cette partie), une proposition comme (2) ou (4)-(7) est vraie si et seulement si la partie qui suit '$\sim(\exists x)$' n'est vraie pour *aucune* entité, *i.e.* est fausse pour *toute* entité. Au contraire, une proposition comme (3) est vraie si et seulement si la partie qui vient après '$(\exists x)\sim$' est fausse pour quelque entité. Il va de soi que les signes assemblés dans '$\sim(\exists x)$' ou dans '$(\exists x)\sim$' ne sont pas soudés ensemble en une unité indépendante; le '$\sim$' ne s'applique pas du tout à '$(\exists x)$' mais à (1) globalement, et le '$(\exists x)$' de (3) ne s'applique pas davantage à '$\sim$', mais à '$\sim x$ ennuie Gustave', globalement.

Le remplacement de 'quelque' par 'aucun' [[en anglais de '*some*' par '*no*'; en français : il s'agira de 'aucun... ne' ou de 'ne... aucun']] n'est pas la seule façon de nier 'quelque'. Nous avons vu que la simple négation du verbe principal échoue à produire une négation d'une proposition du type 'quelque'. Mais elle parvient souvent à en produire une, lorsqu'en même temps on change 'quelque' ('*some*') en 'un quelconque' ('*any*'). 'Boston n'est pas loin d'une ville quelconque' est une lecture de (5) aussi valable que 'Boston n'est loin d'aucune ville', et 'Il n'y a pas de veau à cinq pattes quelconque' une lecture aussi valable de (6) que 'Il n'y a aucun veau à cinq pattes'. Nous avons remarqué que 'Quelque chose n'ennuie pas Gustave' n'est pas la négation de 'Quelque chose ennuie

Gustave' ; à présent nous observons que 'Boston n'est pas loin d'une ville quelconque' est la négation non pas de 'Boston est loin d'une ville quelconque', mais de 'Boston est loin de quelque ville' [1].

La version en mots de propositions comme (2) et (4)-(7) ne contient pas toujours nécessairement 'aucun' ou 'ne… pas… un quelconque', pas plus que les propositions que ces tours servent à nier ne contiennent toujours 'quelque'. Puisque § 31(6), par exemple, peut prendre en mots non seulement la forme § 31(2), mais aussi bien la forme § 31(3), il s'ensuit que sa négation (6) plus haut pourra en mots apparaître aussi sous la forme :

Des veaux à cinq pattes n'existent pas,

qui est une négation de § 31(3). Attacher 'ne… pas' au verbe ne donne pas la négation lorsque 'quelque' figure dans la proposition qu'on veut nier, on l'a déjà remarqué, mais remplit très bien sa fonction lorsque sont en cause des formes telles que § 31(3) où 'quelque' n'intervient pas. Il va de soi qu'une proposition d'une forme *quelconque* se trouvera être niée, d'une façon plutôt artificielle, si on lui applique en tête 'ce n'est pas que' ou 'il n'est pas vrai que' (*cf.* § 4). Cette dernière recette nous donne une série de versions nouvelles de (2) et de (4)-(7) : on appliquera 'il n'est pas vrai que' à n'importe laquelle des tournures considérée aux § 31-32.

Exercices

1. Prendre la négation de chacune des *propositions* de l'*exercice* 1, § 30, et traduire ces négations en un français aussi courant que possible au moyen chaque fois d'un tour qui fait intervenir 'aucun'.

2. Traduire les suivants en symboles aussi précisément que possible :

1. Voir aussi plus bas, § 35.

Aucun de mes incunables reliés en maroquin n'est aussi bien conservé que ce Plutarque.

Il n'y a pas de poème de la Renaissance plus simple dans l'expression et cependant plus difficile à comprendre que l'*Hymne au Mariage* de Pedaccio.

§ 34. 'Tout'

La proposition (3), § 33, dit qu'il y a certaines choses qui n'ennuient pas Gustave; par conséquent, si nous avons envie de dire que toute chose ennuie Gustave, nous n'avons qu'à nier (3) du § 33 :

(1) $\sim(\exists x)\sim x$ ennuie Gustave.

Par ailleurs la proposition :

(2) $(\exists x)\sim x$ est x,

dit qu'il y a quelque chose qui n'est pas identique à lui-même; cela étant, si nous voulons nier cette proposition, qui est fausse, et affirmer que toute chose est identique à elle-même, nous écrirons :

(3) $\sim(\exists x)\sim x$ est x.

'Toute chose' peut figurer avec une restriction suivant les différents modes déjà étudiés à propos de 'quelque chose'; il peut aussi figurer sans restriction, comme dans 'Toute chose ennuie Gustave', 'Toute chose est identique à elle-même'. De même que l'emploi non restreint de 'quelque chose' se rend en symboles en mettant 'x' (ou 'y', etc.) à la place de 'quelque chose' et en appliquant '$(\exists x)$' (ou '$(\exists y)$', etc.), comme on l'a noté au § 29, l'emploi non restreint de 'toute chose' se rend en symboles en mettant 'x' à la place de 'toute chose' et en appliquant '$\sim(\exists x)\sim$'. Exactement comme '$(\exists x)$' se lit 'il y a quelque chose x tel que', et '$\sim(\exists x)$', 'il n'y a aucun x tel que' (§ 33), ainsi '$\sim(\exists x)\sim$' se lit 'quel que puisse être x'. Une proposition telle que (1) ou (3) est vraie précisément si ce que la partie qui vient après '$\sim(\exists x)\sim$' affirme de 'x' est vrai de toute entité, et faux d'aucune. Il est évident que les signes assemblés dans '$\sim(\exists x)\sim$' ne sont pas soudés ensemble de manière à former une unité indépendante ; le premier '$\sim$' dans (3) ne s'applique pas à '$(\exists x)$' ni à '$(\exists x)\sim$', mais à (2) pris globalement, et le '$(\exists x)$' dans (3) s'applique à '$\sim x$ est x' pris globalement.

On a vu (§ 32) que restreindre 'quelque chose' par l'addition d'un complément circonstanciel ou d'une proposition relative, ou encore par le remplacement de 'chose' par un nouveau substantif, se réduit, sur le plan des notations logiques, à introduire après le quanteur une clause restrictive sous forme d'un membre de conjonction. Pour restreindre 'toute chose', on procède d'une façon analogue. Par exemple, nous restreignons 'Toute chose ennuie Gustave' en insérant la relative 'qui m'intéresse', ou en faisant sauter 'chose' pour mettre à la place 'sport de plein air'. En symboles, nous obtiendrons cet effet en introduisant 'x m'intéresse' ou 'x est un sport de plein air' sous forme d'un membre de conjonction après le '$(\exists x)$' de (1). Les propositions :

(4)   Toute chose qui m'intéresse ennuie Gustave,

(5)   Tout sport de plein air ennuie Gustave,

deviennent :

(6) $\sim(\exists x)(x$ m'intéresse $.\ \sim x$ ennuie Gustave),

(7) $\sim(\exists x)(x$ est un sport de plein air $.\ \sim x$ ennuie Gustave).

En effet (4) équivaut à dire qu'il n'y a rien qui m'intéresse, et qui néanmoins n'ennuie pas Gustave ; cela recevra la forme symbolique (6), compte tenu du § 33. On tiendrait des considérations analogues à propos de (5).

Il arrive souvent, bien entendu, que les mots qui servent à restreindre 'toute chose' soient en pratique laissés sous-entendus si l'on croit que l'auditeur est en mesure de les resti-tuer mentalement. Par exemple, la phrase 'Toute chose arrive par exprès' sera considérée comme l'assertion elliptique d'une proposition du type (6)-(7) plutôt que comme une proposition du type (1), qui serait trivialement fausse. D'ailleurs l'usage de l'ellipse est répandu également avec les tours étudiés aux para-graphes précédents; quand on dit : 'Il y a quelque chose dans la boîte', par exemple, on entend vraisemblablement 'quelque chose qui n'est pas de l'air, de la poussière, etc…'.

Exercice

Quelles sont, parmi les propositions suivantes, celles qui deviennent indiscernables les unes des autres une fois traduites en symboles ?

> Tout homme est mortel,
>
> Toute chose qui est un homme est mortelle,
>
> Toute chose est ou bien non pas un homme ou bien alors mortelle,
>
> Rien n'est un homme et cependant non mortel,
>
> Il n'est pas vrai que quelques hommes ne sont pas mortels,
>
> Aucun homme n'est non mortel,
>
> Il n'y a pas d'hommes qui ne sont pas mortels.

§ 35. DES VARIANTES DE 'TOUT'

Parallèlement à ce que nous avons noté à propos de 'quelque chose' (§ 31), nous pouvons dire 'tout objet', 'toute entité', etc., au lieu de 'toute chose'. Nous pouvons aussi, comme nous l'avons observé dans le cas de 'quelque' (§ 31), passer du singulier au pluriel sans altérer le sens, en mettant 'tous' ou 'tous les' au lieu de 'tout'. Ainsi § 34(3) se lira 'Toute entité est identique à elle-même' ou 'Toutes les choses sont identiques à elles-mêmes', ou 'Tous les objets sont identiques à eux-mêmes'; § 34(6) se lira 'Toutes les choses qui m'intéressent ennuient Gustave'. Autre exemple, la proposition :

(1)   Simon peut battre tout membre de l'équipe,

en symboles :

(2) $\sim(\exists x)(x$ est un membre de l'équipe $\;.\; \sim$Simon peut battre x),

peut être reformulée ainsi :

(3)   Simon peut battre tous les membres de l'équipe.

Cependant (3) illustre une ambiguïté qui se présente parfois dans l'emploi de 'tous', car nous n'avons pas de moyen de décider en toute certitude si (3) veut dire la même chose que (1) et (2), ou bien s'il signifie plutôt que Simon est capable à lui tout seul de battre l'équipe prise collectivement. Ce dernier sens a peu de rapport avec (1) et (2), et en fait il ne contient pas de quantification du tout; on peut le formuler simplement ainsi : 'Simon peut battre l'équipe'.

D'ordinaire on a encore le choix d'employer 'chaque' ou 'un quelconque' au lieu de 'tout'. Par exemple § 34(3) se lira éventuellement 'Chaque chose est identique à elle-même', 'Une chose quelconque est identique à elle-même'. Semblablement (1) se récrira :

(4)   Simon peut battre chaque membre de l'équipe,
(5)   Simon peut battre un membre quelconque de l'équipe.

Mais il importe de noter que ces versions se comportent d'une façon radicalement différente vis-à-vis de la négation. Si nous attachons 'ne... pas' à 'peut' dans (1), nous obtenons une véritable négation de la proposition tout entière. La proposition 'Simon ne peut pas battre tout membre de l'équipe' exprime la négation de (2), *i.e.* :

(6) $(\exists x)(x$ est un membre de l'équipe $.$ Simon peut battre $x)$;

cela équivaut à dire qu'il y a un membre de l'équipe (au moins un) que Simon ne peut pas battre. Le cas de (4) est analogue. Attacher 'ne… pas' à 'peut' dans (5) produit en revanche un résultat tout différent ; car la proposition 'Simon ne peut pas battre un membre quelconque de l'équipe' n'est pas en réalité la négation de (5), car elle équivaut, non pas à (6), mais à :

$\sim(\exists x)(x$ est un membre de l'équipe $.$ Simon peut battre $x)$

(*cf.* § 33). Cette anomalie illustre bien les raisons pour lesquelles les symboles logiques sont utiles.

Il est souvent possible d'omettre simplement 'tout' ou bien de passer au pluriel comme plus haut en laissant tomber 'tous' sans changer le sens. Ainsi la proposition :

(7) $\sim(\exists x)(x$ est un homme $. \sim x$ est mortel),

se lira simplement 'L'homme est mortel' ou 'Les hommes sont mortels', aussi bien que 'Tout homme est mortel' ou 'Tous les hommes sont mortels'. Semblablement, (7) du § 34 se formulera simplement 'Les sports de plein air ennuient Gustave'. Il se présente cependant des cas où des propositions qui ont cette forme, sans contenir aucun synonyme de 'tout' ou de 'tous', véhiculent des sens très différents. Par exemple, alors que 'L'homme est mortel' signifie que chaque homme l'est, 'L'homme a fait la guerre depuis toujours' ne signifie pas que chaque homme a fait la guerre depuis toujours ; pas plus que 'L'homme est une espèce' ne signifie que chaque homme en est une. Ou encore, tandis que 'Les hommes sont mortels' signifie que chaque homme est mortel, 'Les hommes sont nombreux' ne signifie pas que chaque homme est nombreux.

Souvent aussi le sens de 'tout' est rendu simplement par 'un', même s'il arrive fréquemment, par ailleurs, que 'un' ait plutôt le sens de 'quelque'. Cette duplicité d'emplois a déjà été commentée plus haut (§ 32). Une autre variante de 'toute chose qui' est 'quel que soit… qui' ou 'quoi que ce soit qui'. Par exemple (4) du § 34 s'abrégera en 'Quoi que ce soit qui m'intéresse ennuie Gustave'.

Puisqu'une proposition telle que (2), (7), § 34(3), § 34(6)-(7), etc., commence par '~(∃x)', toutes les versions en mots dont on dispose pour les propositions de cette dernière espèce (§ 33) se transportent et fournissent d'autres locutions de remplacement pour 'tout'. Par exemple, puisque § 34(3) consiste en fait à appliquer '~(∃x)' à 'x est non identique à lui-même', on le lira 'Aucune chose n'est non identique à elle-même'. À son tour (2) peut se lire 'Il n'y a aucun membre de l'équipe que Simon ne puisse battre'.

D'autres tours susceptibles de remplacer 'tout' proviennent de ce que 'aucune chose qui ne soit pas' se rend ordinairement par une expression qui contient 'rien sinon', ou 'seulement' ou 'il n'y a que'; exemples : 'Rien sinon ce qui ennuie Gustave ne m'intéresse', 'Il n'y a que ce qui ennuie Gustave qui m'intéresse'; c'est ce qui, d'après le § 33, se rendra symboliquement par :

$$\sim(\exists x)(\sim x \text{ ennuie Gustave} \cdot x \text{ m'intéresse}),$$

i.e. § 34(6).

Une autre façon encore de rendre les (2), (7), § 34(6)-(7), ainsi que les propositions qui leur ressemblent, est indiquée au § 8 : en effet, ces propositions sont des *conditionnelles générales*. On le constate, notamment dans le cas de § 34(6), en introduisant '~~' :

(8) $\sim(\exists x) \sim\sim(x \text{ m'intéresse} \cdot \sim x \text{ ennuie Gustave})$;

en effet, le '~(∃x)~' qui est ici peut se lire 'quel que soit x' (*cf.* § 34) et ce qui vient après se lira : 'si x m'intéresse, alors x ennuie Gustave' (*cf.* § 7). Donc (8) équivaut à § 8(2) et se lira : 'Si une chose quelconque m'intéresse alors elle ennuie

Gustave'. On construirait des cas plus subtils en restreignant le 'un quelconque' par tel ou tel des procédés déjà connus (§ 34); on aura par exemple :

(9)   Si un film quelconque m'intéresse, il ennuie Gustave.

En symboles la condition restrictive s'introduit par voie de conjonction, comme d'habitude :

(10) $\sim(\exists x)(x$ est un film **.** x m'intéresse **.** $\sim x$ ennuie Gustave).

Exercices

1. Compte tenu du présent §, combien de versions supplémentaires de (7) pouvez-vous ajouter à celles du précédent *exercice* ?

2. Dans la proposition :

> Un chiite orthodoxe regarde un descendant d'Ali comme le véritable calife,

donneriez-vous aux deux 'un' le sens de 'tout' ? aux deux le sens de 'quelque' ? ou bien à l'un le premier sens et à l'autre le second ? Comment mettrez-vous l'ensemble en symboles ?

§ 36. DES PERSONNES

D'après le § 34, pour restreindre 'toute chose', on peut, soit remplacer 'chose' par un substantif approprié, soit rajouter une proposition relative. En lisant § 35(2) dans l'interprétation § 35(1), nous utilisons la première de ces deux méthodes. Suivant la seconde méthode, § 35(2) se lirait :

> Simon peut battre toute chose qui est un membre de l'équipe,

ou brièvement :

> Simon peut battre toute chose de l'équipe.

Mais le caractère grotesque de ce à quoi on aboutit nous rappelle que le bon usage veut que l'on mette 'un', 'monde' ou 'personne' au lieu de 'chose', quand on n'a en vue que des personnes :

(1)   Simon peut battre tout le monde dans l'équipe.

'Chose' doit donc être remplacé de cette manière, non seulement dans les expressions comme 'toute chose' et ses variantes, 'quelconque' par 'quiconque', 'chaque chose' par 'chacun', etc., mais également dans les expressions 'quelque chose', 'aucune chose' ; corrélativement, les pronoms de rappel 'en', 'cela', 'ce', etc., seront changés en 'lui', 'de lui', 'il', etc. De même 'quel que soit ce qui' devient 'qui que ce soit qui' :

(2)   Qui que ce soit qui m'intéresse ennuie Gustave.

Certaines de ces tournures relatives aux personnes, comme les tournures correspondantes relatives aux choses, peuvent passer au pluriel sans changer de sens. 'Tous' et 'certains' fonctionnent comme les pluriels de 'chacun' et de 'quelqu'un'.

Le 'un' qui est dans 'chacun', le 'monde' qui est dans 'tout le monde', le 'qui' de 'quiconque', etc., doivent être construits comme indiquant qu'on a affaire à des personnes, et traités précisément comme nous traitons n'importe lequel des autres substantifs ayant valeur de condition restrictive et susceptibles de figurer à la place du 'chose' de 'toute chose' (§ 34). Par suite (2), ou en d'autres termes :

(3)   Quiconque m'intéresse ennuie Gustave,

ne donnera pas, en symboles, § 34(6), mais plutôt :

(4) $\sim(\exists x)(x$ est une personne $.$ x m'intéresse $.$ $\sim x$ ennuie Gustave).

Un traitement analogue s'applique là où nous avons 'quelqu(e)' ou 'pas' au lieu de 'chaque'. Ainsi 'Quelqu'un m'irrite' devient :

$(\exists x)(x$ est une personne $. x$ m'irrite$)$;

ou encore 'Quelqu'un dans la ville m'irrite' devient :

$(\exists x)(x$ est une personne $. x$ est dans la ville $. x$ m'irrite$)$.

En réexaminant (1) maintenant, à la lumière de ces considérations, nous voyons que sa traduction exacte n'est pas § 35(2), mais plutôt :

(5) $\sim(\exists x)(x$ est une personne $. x$ est de l'équipe $. \sim$Simon peut battre $x)$.

Il va de soi qu'en pratique on regarderait le membre de phrase 'x est une personne' dans (5) comme redondant, puisqu'il n'y a aucun doute qu'un membre quelconque de l'équipe est une personne ; et donc, en pratique, la traduction (5) de (1) se réduit bien à § 35(2). Néanmoins, il ne faut pas perdre de vue que cette redondance n'est pas d'ordre purement logique ; du point de vue de la logique, le statut de 'x est une personne' dans (5) est le même que dans (4). La logique seule ne nous dit pas plus qu'il n'y a que des personnes dans l'équipe, qu'elle ne nous dit que seules les personnes m'intéressent.

Il est également commode de supprimer 'x est une personne', même dans (4), en considérant que 'x' est limité *intrinsèquement* [[*i.e.* en tant que variable]] aux personnes dans le cadre d'une discussion donnée. '$(\exists x)$' signifie ('il y a une entité x telle que', et il n'y a pas, du côté de la logique, d'objection à supposer que cet univers d'entités, en ce qui concerne '$(\exists x)$', ne contient que des personnes. Mais en recourant à ce stratagème, nous devons prendre garde qu'il n'y ait pas d'autres points, dans le courant de la même discussion, où nous aurions besoin que nos variables prennent pour valeurs d'autres entités que des personnes.

Exercice

Mettre sous forme symbolique, avec et sans restriction explicite à des personnes :

> Je ne vois personne plus souvent qu'Arthur, et il n'y a personne que je sois moins disposé à voir.

§ 37. DES TEMPS ET DES LIEUX

Tout comme on restreint ordinairement aux *personnes* le 'chose' de 'quelque chose' et de 'toute chose' en lui substituant 'un' (*cf.* § 36), on le restreint ordinairement aux *lieux* en lui substituant 'part', ce qui donne 'quelque part', 'partout où'. On se restreint aux *temps* ou aux dates en changeant 'quelque chose' en 'quelquefois', 'parfois' ou 'une fois', et en changeant 'aucune chose' et 'toute chose' en 'jamais' et en 'toujours'. Les pronoms de rappel correspondants deviennent 'là' pour le lieu et 'alors' pour le temps ; le relatif 'qui' devient 'où' s'il s'agit de lieux, 'quand' s'il s'agit de moments. De même 'tout ce qui' devient 'partout où' ou bien 'chaque fois que', soit en bref 'où' et 'quand'.

Ainsi ces tournures ne posent aucun problème propre. Si une proposition contient l'une des expressions 'quelque part', 'quelquefois', 'nulle part', 'jamais', 'partout', 'toujours', sa traduction en symboles s'effectuera simplement en explicitant l'expression en cause par 'en quelque lieu', 'à un certain moment', 'en aucun lieu', 'à aucun moment', 'en tout lieu', 'à tout moment', et en procédant ensuite selon les principes des précédents paragraphes. Par exemple 'Jupin n'est jamais malade' deviendra 'Jupin n'est malade à aucun moment', ce qui donne :

$$\sim(\exists x)(x \text{ est un moment du temps} . \text{Jupin est malade en } x),$$

exactement comme 'Boston n'est loin d'aucune ville' donnait § 33(5).

Mais il y a des finesses auxquelles il importe de faire attention. La proposition :

(1)   Tai mange toujours avec des baguettes,

semble vouloir donner 'Tai mange avec des baguettes à tout moment', c'est-à-dire :

(2) $\sim(\exists x)(x$ est un moment . $\sim$Tai mange avec des baguettes en x),

exactement comme § 35(3) passe en § 35(2). Toutefois cette traduction fait signifier à (1) que Tai est *toujours* en train de manger et d'utiliser des baguettes à cette fin, alors que (1) a plus vraisemblablement le sens de 'Toutes les fois que Tai mange, il se sert de baguettes', c'est-à-dire 'À chaque moment où Tai mange, il se sert de baguettes', ce qui est :

(3) $\sim(\exists x)(x$ est un moment . Tai mange en x . $\sim$Tai se sert de baguettes en x).

(3) suggère le raffinement, (2) la gloutonnerie.

Ceci est un nouvel exemple de la difficulté qu'il y a d'établir des règles mécaniques de traduction des mots en symboles. Pour comprendre les propositions ambiguës du langage usuel, il faut être disposé à conjecturer et à faire de la psychologie : ce sont des facteurs essentiels pour réussir à traduire les mots en un symbolisme rigoureux. Un des services que rendent les symboles est de restituer ensuite sans ambiguïté la décision à laquelle nos conjectures et notre psychologie nous ont conduit.

Il n'est pas rare que 'quelquefois', 'toujours' et 'jamais' soient utilisés sans qu'on ait véritablement en vue une quelconque référence au temps, comme quand on dit 'Les carrés des nombres impairs sont toujours impairs', 'Les carrés des nombres impairs ne sont jamais pairs'. Dans les cas de ce genre, les 'quelquefois', 'toujours' et 'jamais' jouent tout simplement le rôle de 'quelque', de 'tous', ou de 'aucun… ne'. Ainsi les deux exemples cités peuvent s'énoncer plus directement 'Tous les carrés de nombres impairs sont impairs' et 'Aucun carré de nombre impair n'est pair'.

Ce qui est bien plus fréquent, par contre, c'est qu'une référence vraiment essentielle au temps soit laissée sous-entendue. On a remarqué (§ 2) que dans les propositions les verbes doivent être considérés comme strictement dépourvus de nuance de temps, et que toutes les spécifications de temps que l'on indique d'habitude au moyen du temps du verbe, ou que l'on sous-entend, doivent être introduites en mention-nant explicitement les dates ou les durées. Mais nous étions convenu, pour conserver aux exemples leur naturel et leur simplicité, de suspendre en pratique cette exigence et de faire comme si elle était satisfaite. Il faut cependant noter que ces références au temps, qui sont donc laissées non analysées, demanderaient l'adjonction d'un quanteur si on voulait les expliciter. Par exemple la proposition :

(4)   Olaf a vu le Stromboli, mais il n'était pas en éruption,

reste inanalysée sur un point essentiel, si l'on se contente de la représenter par :

     Olaf a vu le Stromboli . ~le Stromboli était en éruption,

sans tenir compte de l'élément de temps; car l'intention de celui qui affirme (4) est de faire ressortir le rapport de simul-tanéité d'Olaf voyant le Stromboli, avec le Stromboli dormant. Cela s'exprimera au moyen d'un quanteur et de verbes sans nuance de temps, en disant qu'il y a un moment où le Stromboli est à la fois vu par Olaf et non pas en éruption :

     $(\exists x)(x$ est un moment . Olaf voit le Stromboli en x . ~le Stromboli est en éruption en x).

Si nous désirions en outre indiquer que ce moment appartient au passé, *i.e.* est antérieur au 14 septembre 1940, cela ne présenterait aucune difficulté :

(5)   ($\exists x$)(x est antérieur au 14 septembre 1940 . Olaf voit le Stromboli en x . ~le Stromboli est en éruption en x).

Exercice

Mettre en symboles :

Quand la pluie tombe à Pago Pago, elle tombe à torrents.

Je ne vais jamais nulle part en train si je peux y aller en avion.

§ 38. DE LA QUANTIFICATION DANS UN CONTEXTE

Quand nous sommes placés en face du problème de paraphraser une proposition en mots compliquée, dans le symbolisme comprenant la quantification, la conjonction et la négation, nous devons examiner comment le sens qui a été mis dans les tournures qui constituent cette proposition s'exprimera en termes de nos symboles. Les nombreuses formes traitées dans les précédents paragraphes fournissent des *exemples* de cette démarche, et c'est à ce titre d'exemples que le lecteur les étudiera, plutôt que de s'y reporter comme à un lexique.

Il sera instructif de commencer par un cas d'une difficulté extraordinaire :

(1)   Si jamais un vendeur vend un poste de radio à un homme qui déteste la radio, il a atteint le sommet de sa profession.

Le 'si jamais' sert ici à indiquer que le vendeur atteint le sommet de sa profession au moment de la conclusion de la vente, plutôt que par la suite. De plus, on entend manifestement exprimer que le client déteste la radio au moment de la vente, plutôt qu'à quelque moment antérieur ou ultérieur. Nous pouvons expliciter ces questions de temps en récrivant (1) comme ceci :

> Si à un moment quelconque un vendeur vend un poste de radio à un homme qui déteste la radio, il a atteint le sommet de sa profession,

où les verbes sont construits sans nuance de temps. La traduction s'opère comme celle de § 35(5) en § 35(2), et donne :

(2) $\sim(\exists x)(x$ est un moment . $\sim$si en x un vendeur vend un poste de radio à un homme qui déteste la radio en x, il atteint le sommet de sa profession en x).

Nous allons d'abord nous occuper de la partie :

(3)   Si en x un vendeur vend un poste de radio à un homme qui déteste la radio en x, il atteint le sommet de sa profession en x.

De toute évidence on suppose que cette proposition est réalisée indépendamment du vendeur particulier : donc le 'un' de 'un vendeur' est un 'un quelconque'. En conséquence de quoi (3) s'écrira :

> $\sim(\exists y)(y$ est un vendeur . y vend un poste de radio en x à un homme qui déteste la radio en x . $\sim y$ atteint le sommet de la profession de y en x).

En substituant cela à (3) dans (2), et en biffant les doubles négations, nous obtenons :

(4) $\sim(\exists x)(x$ est un moment . $(\exists y)(y$ est un vendeur . y vend un poste de radio en x à un homme qui déteste la radio en x . $\sim y$ atteint le sommet de la profession de y en x)).

Occupons-nous à présent de la partie :

(5) y vend un poste de radio en x à un homme qui déteste la radio en x.

De toute évidence cela veut dire simplement que y vend à son client quelque poste de radio, non pas qu'il lui vend tout poste de radio ; 'un poste de radio' ici a donc bien le sens de 'quelque poste de radio'. De même que 'J'ai écrit un poème' devenait (3) au § 32, ici (5) devient :

> $(\exists z)(z$ est un poste de radio . y vend z en x à un homme qui déteste la radio en x).

Ainsi (4) devient :

(6) $\sim(\exists x)(x$ est un moment . $(\exists y)(y$ est un vendeur . $(\exists z)(z$ est un poste de radio . y vend z en x à un homme qui déteste la radio en x) . $\sim y$ atteint le sommet de la profession de y en x)).

Il nous faut encore nous occuper de la partie :

> y vend z en x à un homme qui déteste la radio en x.

De toute évidence le 'un' qui figure ici est un 'quelque' ; cela nous fait donc :

> $(\exists w)(w$ est un homme . w déteste la radio en x . y vend z en x à w).

Ainsi (6) devient :

(7) $\sim(\exists x)(x$ est un moment . $(\exists y)(y$ est un vendeur . $(\exists z)(z$ est un poste de radio . $(\exists w)(w$ est un homme . w déteste la radio en x . y vend z en x à w)) . $\sim y$ atteint le sommet de la profession de y en x)).

Finalement il est clair que 'w déteste la radio en x' est pris au sens de 'w déteste tous les postes de radio en x' ; il donne donc :

> $\sim(\exists v)(v$ est un poste de radio . $\sim w$ déteste v en x).

Avec tout cela, (7) tout entier va être :

(8) $\sim(\exists x)(x$ est un moment . $(\exists y)(y$ est un vendeur . $(\exists z)(z$
est un poste de radio . $(\exists w)(w$ est un homme . $\sim(\exists v)(v$
est un poste de radio . $\sim w$ déteste v en $x)$. y vend z en x à
$w))$. $\sim y$ atteint le sommet de la profession de y en $x))$.

La comparaison entre (1) et (8) révèle que la langue de tous les jours n'est pas sans qualités d'instrument de communication pratique. Mais ce n'est qu'en traduisant (1) en (8) que nous parvenons à découvrir la structure logique de (1) et à préparer la voie pour des règles générales permettant de travailler avec des propositions telles que (1) ou d'autres du même genre. Des règles de cette espèce seront formulées au chapitre 4. Mais un pas important dans l'analyse est déjà franchi lorsqu'on sait comment tirer (8) de (1).

Attendu que nous ne sommes pas sûrs de pouvoir mener à bien en une seule étape l'analyse de propositions aussi complexes que (1), il est recommandé de ne s'attaquer qu'à un membre de phrase à la fois, comme nous l'avons fait plus haut. Il est même sage, comme nous l'avons fait plus haut, de commencer par reconnaître la structure la plus *extérieure*, puis de procéder vers l'intérieur, pas par pas ; cette méthode aide à éviter les confusions dans les associations à effectuer, ainsi qu'il a déjà été noté (au § 13) à propos de la composition des propositions. L'exemple qu'on vient de donner suggère en outre deux précautions supplémentaires importantes : a) choisir une nouvelle variable pour chaque nouveau quanteur, et b) prendre soin de répéter ensuite cette variable exactement à tous les endroits où une référence à ce quanteur est exigée par le sens.

Lorsqu'il se présente des cas où l'on a à paraphraser des connexions qui sont en mots et qui figurent dans un contexte quantifié, il faut ajouter au principe indiqué à la fin du § 13 le principe suivant qui lui est analogue : en paraphrasant un segment en mots par une conjonction écrite avec un symbole, enclore cette conjonction de parenthèses si un quanteur précède immédiatement ce segment.

Exercices

1. Mettre en symboles, en procédant pas par pas, et en employant chaque fois deux quanteurs :

> Personne dans cette pièce n'est plus fort que chacun de ceux qui sont dans la pièce à côté.

> Quiconque contribue en quelque chose à notre caisse commune aura droit à notre immortelle gratitude.

2. Mettre sous forme symbolique en procédant pas par pas, en utilisant trois quanteurs qui correspondront à 'quand' et aux deux 'un' :

> Quand un garçon Eskimo atteint sa majorité, l'ancien de son village lui fait cadeau d'un harpon.

Note – Première étape, analogue à (2) :

> $\sim(\exists x)(x$ est un moment . $\sim$un garçon Eskimo qui atteint sa majorité en x reçoit en cadeau en x, etc.).

Deuxième étape, analogue à (4) :

> $\sim(\exists x)(x$ est un moment . $(\exists y)(y$ est un garçon Eskimo qui atteint sa majorité en x . $\sim y$ reçoit en cadeau, etc.)).

Autre méthode, première étape :

> $\sim(\exists x)(x$ est un garçon . x est un Eskimo . $\sim$quand x atteint, etc.).

3. Mettre en symboles, avec cinq quanteurs, dont trois pour le temps, un pour les boys et un pour les actions :

> Un boy est un Boy Scout à part entière seulement s'il a fait sa promesse et s'il a accompli chaque jour une bonne action depuis lors.

Note – Il est un scout à part entière tout le temps, seulement s'il a fait sa promesse à une date antérieure, et accompli dans l'intervalle sa bonne action quotidienne.

IV
L'INFÉRENCE EN THÉORIE
DE LA QUANTIFICATION

§ 39. LES SCHÉMAS DE QUANTIFICATIONS

Bien que les schémas construits avec des lettres de proposition suffisent, tant qu'il s'agit de mettre en évidence les formes des propositions dans le cadre de la composition des propositions, lorsque nous abordons la quantification, il devient nécessaire de leur faire subir une élaboration. Nous devons maintenant nous donner les moyens de représenter non seulement les propositions qui sont des composants de propositions, mais aussi les énoncés ouverts qui sont des composants de propositions. En représentant un énoncé ouvert, il nous faut conserver la trace de toutes celles de ses variables susceptibles de renvoyer à des quanteurs situés ailleurs dans le texte, car ces variables contribuent pour une part essentielle à la structure logique de l'ensemble.

En conséquence de quoi, de même que 'p', 'q', etc., sont utilisés à représenter des propositions, de même 'Fx', 'Gx', 'Hx', 'Fy', 'Gy', 'Fxy', 'Gxy', '$Fxyz$', etc., représenteront des énoncés ouverts. Nous appelons 'F', 'G', etc., des *lettres de prédicat*. Ces lettres de prédicat, comme les lettres de proposition du § 30, ont valeur de schéma, et elles ne pourront donc pas, à la différence des variables, figurer dans des énoncés.

Appelons *schémas atomiques ouverts* les 'Fx', 'Fy', 'Gx', 'Gy', 'Fxy', 'Gxx', '$Fxyz$', etc. Un schéma atomique ouvert consiste donc en une lettre de prédicat et en une suite d'une ou plusieurs variables avec ou sans répétition. Convenons de donner aux lettres de proposition et aux schémas atomiques ouverts le nom collectif de *schémas atomiques*. Les schémas atomiques, réunis à toutes les expressions que l'on peut construire à partir d'eux moyennant les fonctions de vérité et les quanteurs, s'appelleront *schémas quantificationnels* ou *schémas de quantifications*. C'est une extension de la notion de schéma déjà connue, et plus précisément de la notion de *schéma fonctionnel* (§ 14), car les schémas quantificationnels comprennent tous les schémas fonctionnels, auxquels s'ajoutent les schémas atomiques ouverts et en outre d'autres expressions, telles que :

(1) $\quad (\exists x)Fx$, $(\exists x)Fxy$, $(\exists x)p$, $(\exists y)(\exists x) \sim Fxy$, $(\exists x)(p \cdot Fx)$,
$\quad \sim(\exists x)(Fx \cdot Fy)$, $\sim(\exists x)(Fx \cdot Gxy)$, $(\exists y) \sim(\exists x)(Fx \cdot Gy)$,
$\quad \sim(q \cdot (\exists y) \sim(\exists x) \sim(Fx \cdot Gxy))$.

Mais en construisant des schémas quantificationnels, il faut observer la contrainte suivante : *aucune lettre de prédicat n'admettra des suites de variables de longueur différente à l'intérieur du même schéma*. De ce fait nous ne pouvons pas utiliser 'Fx' à l'intérieur du même schéma que 'Fxx', 'Fxy', 'Fyz', '$Fxyz$', etc.; nous ne pouvons pas non plus utiliser '$Fxyz$' dans un schéma où il y aurait 'Fx', 'Fxx', 'Fxy', 'Fyz', etc. En revanche nous avons le droit d'utiliser 'Fx' dans le même schéma que 'Fy', 'Gxy', '$Hxyz$', etc. De même nous avons le droit d'utiliser dans le même schéma 'Fxy' et 'Fyz', 'Fxx', 'Gx', '$Hxyz$', etc.

Une variable qui apparaît dans un quanteur est dite *liée*. Toutes les occurrences de cette variable à l'intérieur du schéma ou de l'énoncé gouverné par ce quanteur sont également liées. Les occurrences d'une variable non liées par un quanteur sont dites *libres*; et on dira qu'une variable est libre dans une expression donnée si elle a une occurrence libre dans cette expression. Ainsi 'x' est libre dans l'énoncé ouvert (1) du § 30; 'y' est libre dans (2) de ce même § 30, et 'x' et 'y' sont tous les deux libres dans (3) du § 30. En revanche 'x' n'est pas libre dans (2) du § 30; 'y' est encore libre dans les deuxième, sixième et septième des schémas énumérés dans la liste (1), ci-dessus.

La différence entre une proposition et un énoncé ouvert est tout simplement qu'un énoncé ouvert contient une ou plusieurs variables libres, alors qu'une proposition n'en contient aucune. De même les schémas de quantifications sont *ouverts* ou *clos* selon qu'ils contiennent ou ne contiennent pas de variable libre. Ainsi les deuxième, sixième et septième schémas de la liste (1) sont ouverts, tandis que les six autres sont clos. Tous les schémas fonctionnels sont clos car ils ne contiennent pas de variable libre du tout.

Exercice

Quels sont, parmi les schémas suivants, les schémas de quantifications? Lesquels sont des schémas fonctionnels? Lesquels sont clos?

$$p \cdot {\sim}(q \cdot {\sim}p), \qquad (\exists x)Fx \cdot {\sim}(\exists x)(Gxy \cdot {\sim}Fx),$$
$$Fx \cdot {\sim}(Gxy \cdot {\sim}Fx), \qquad (\exists x) \; {\sim}(\exists y)Fyz \cdot {\sim}(\exists x)(Gxy \cdot {\sim}Fx),$$
$$Fx \cdot {\sim}(\exists y)(Gxy \cdot {\sim}Fx), \quad (\exists x)Fx \cdot {\sim}(\exists x)(\exists y)Gxy \cdot {\sim}Fy,$$
$$Fx \cdot {\sim}(\exists x)(Gxy \cdot {\sim}Fx), \quad (\exists x)Fx \cdot {\sim}(\exists y)((\exists x)Gxy \cdot {\sim}Fy).$$

§ 40. LES PRÉDICATS

La notion de substitution dont nous avons traité plus haut (au § 14) était limitée à la substitution des lettres de proposition à l'intérieur des schémas fonctionnels. Mais maintenant on a fait une place aux lettres de prédicat à côté des lettres de proposition, et les schémas fonctionnels ont été plongés dans la classe plus large des schémas de quantifications. Une extension corrélative de la notion de substitution s'impose donc, qui pourvoira en général à la substitution aux lettres de proposition et aux lettres de prédicat dans les schémas de quantifications.

Pour exposer cette notion générale de substitution, il sera commode d'adopter ce mécanisme auxiliaire que sont les *prédicats*. Les prédicats sont des expressions formées à partir d'énoncés en mettant des chiffres entourés d'un rond à la place des variables libres. (Ces chiffres cerclés ne désigneront rien, mais ils seront utiles pour décrire comment doivent s'effectuer les substitutions[1]). À titre de cas particulier il est commode d'autoriser le nombre des variables remplacées par des chiffres cerclés à être nul; de cette manière une proposition ou un énoncé ouvert seront aussi comptés parmi les prédicats.

D'une manière analogue, si l'on met des chiffres cerclés à la place des variables libres dans un schéma, on obtiendra un *schéma de prédicats*.

Initialement on a exposé la notion de substitution en termes d'*introduction* de propositions ou de schémas fonctionnels dans des occurrences de lettres de proposition. En vue de l'extension de la notion de substitution, il nous faut procéder à une extension de la notion d'introduction, extension qui nous permettra de donner un sens à l'introduction de prédicats et de schémas de prédicats dans des occurrences de lettres de proposition ou dans des occurrences de *lettres de prédicat*.

L'introduction d'un prédicat ou d'un schéma de prédicats *P* dans une occurrence donnée d'une lettre de prédicat consiste à remplacer cette occurrence ainsi que la suite de variables attachée (*cf.* § 39), par l'expression obtenue de *P* en mettant la première variable de la suite attachée à la place de '①',

1. [[Voir la note 1, page 132, de *Methods of Logic*.]]

la variable suivante dans cette suite à la place de '②'. Pour prendre un exemple, l'introduction du prédicat :

(1) $(\exists v)$(⑤ doit ② à ④ pour v . ~① a versé ② à ④ pour v)

dans la seconde occurrence de 'G' dans :

(2) $(\exists z)(Gxwyzy$. $\sim Gywwzx)$,

donne :

(3) $(\exists z)(Gxwyzy$. $\sim(\exists v)(x$ doit w à z pour v . $\sim y$ a versé w à z pour $v)$;

c'est-à-dire que nous remplaçons '$Gywwzx$' pris comme un tout par l'énoncé ouvert obtenu de (1) en mettant 'y' à la place de '①', 'w' à la place de '②', encore 'w' à la place de '③' (ici cette étape n'est pas représentée[1] puisque '③' n'a pas d'occurrence), 'z' à la place de '④', et 'x' à la place de '⑤'. L'introduction de (1) dans la *première* occurrence de 'G' dans (2) donnerait :

(4) $(\exists z)((\exists v)(y$ doit w à z pour v . $\sim x$ a versé w à z pour $v)$. $\sim Gywwzx)$.

L'introduction du schéma de prédicats :

(5) F ① y ③ . $(\exists v)Gv$ ③

dans la seconde occurrence de 'G' toujours dans (2) donne :

(6) $(\exists z)(Gxwyzy$. $\sim(Fyyw$. $(\exists v)Gvw))$;

ici nous avons remplacé '$Gywwzx$' par le schéma obtenu de (5) en mettant 'y' à la place de '①', 'w' à la place de '②' (opération non représentée), 'w' encore à la place de '③', 'z' à la place de '④' (non représentée), et 'x' à la place de '⑤' (non représentée).

En toute rigueur, cette formulation que nous venons de donner de l'introduction devrait être complétée par des conventions relatives aux parenthèses : si l'expression à

---

1. [[Quine dit qu'elle est *vide* (vacuous).]]

mettre à la place d'une lettre est une conjonction ou une disjonction, il faut d'ordinaire l'enclore de parenthèses.

L'introduction du prédicat (1) dans l'occurrence de 'F' dans le schéma :

$$\sim(\exists z)(\exists x)\sim(\exists w)(\exists y)Fywuzx,$$

donne l'énoncé :

$\sim(\exists z)(\exists x)\sim(\exists w)(\exists y)(\exists v)(x$ doit w à z pour v . $\sim y$ a versé w à z pour v).

L'introduction de (1) dans l'occurrence de 'F' dans le schéma :

$$(\exists w)\sim(\exists y)Fywuzx,$$

donne l'énoncé ouvert :

$(\exists w)\sim(\exists y)(\exists v)(x$ doit w à z pour v . $\sim y$ a versé w à z pour v).

L'introduction de (5) dans la seconde occurrence de 'F' dans le schéma :

$$(\exists z)(Fxzw \cdot \sim Fywz),$$

donne le schéma :

$$(\exists z)(Fxzw \cdot \sim(Fyyz \cdot (\exists v)Gvz)).$$

D'une manière analogue aux remarques déjà faites au § 14, le résultat d'une introduction peut être un produit hybride comportant à la fois des schémas et des mots : à preuve (3) et (4). Le résultat (6) s'écarte de la norme à un autre point de vue : il enfreint la restriction du § 39[1]. Dans d'autres cas le résultat de l'introduction contiendra encore des chiffres cerclés. Ainsi l'introduction de (1) dans l'occurrence de 'G' dans '$(\exists x)(p \cdot Gxy)$' donne :

---

1. [[Voir § 39 alinéa 4 : dans (6), 'G' figure accompagné de deux suites de longueur différente.]]

$(\exists x)(p \cdot (\exists v)(\text{⑤ doit } y \text{ à ④ pour } v \cdot \sim x \text{ a versé } y \text{ à ④ pour } v))$.

En ce qui concerne l'introduction dans des lettres de proposition, rien n'est changé par rapport au § 14. L'introduction de S dans une occurrence d'une lettre de proposition consiste simplement à mettre S à la place de cette occurrence en ajoutant toutes les parenthèses nécessaires. Ainsi l'introduction de l'énoncé ouvert 'y préfère z à w' (prédicat sans chiffres cerclés) dans l'occurrence de 'p' dans '$(\exists x)(p \cdot Gxy)$' donne simplement :

$(\exists x)(y \text{ préfère } z \text{ à } w \cdot Gxy)$.

Exercices

1. Écrire le résultat de l'introduction de (1) dans la première occurrence de 'F' dans :

$\sim Fxyz \cdot (\exists w)(\sim Gywxzxz \cdot (\exists u)Fuwu)$;

celui de l'introduction de (1) dans la seconde occurrence de 'F'; celui de l'introduction de (1) dans l'occurrence de 'G'. Même question avec (5) dans le rôle de (1).

2. Indiquer un prédicat dont l'introduction dans l'occurrence de 'F' dans :

$(\exists z)(Gxwyzy \cdot Fwzyyu)$,

donne (3).

§ 41. DES RESTRICTIONS PORTANT SUR L'INTRODUCTION

En fait la formulation qu'on vient de donner de la notion d'introduction laisse plus de liberté qu'il n'est désirable. Deux contraintes restrictives vont donc lui être imposées, et dorénavant le terme d'introduction sera réservé aux cas où ces contraintes sont satisfaites. La première restriction est la suivante : *Si un prédicat ou un schéma de prédicats P est introduit dans une occurrence d'une lettre de prédicat, la suite de variables attachée ne doit contenir aucune variable figurant par ailleurs dans un quanteur de P*. Le prédicat :

(1)   ($\exists x$)① a été donné en cadeau par le roi de x à la reine de ②,

doit être considéré comme non susceptible d'être introduit dans une occurrence quelconque de 'F', et par exemple comme non susceptible d'être introduit dans une occurrence de 'F' qui aurait pour contexte 'Fwx'. La raison de cette restriction peut s'expliquer grossièrement ainsi. Supposons que l'introduction de (1) dans les conditions que nous venons de dire soit permise. Elle consisterait, d'après le § 40, à remplacer l'occurrence de 'Fwx' par :

(2)   ($\exists x$)w a été donné en cadeau par le roi de x à la reine de x.

Mais tandis que (1) se réduit au libellé :

(3)   ① a été donné en cadeau par le roi de quelque chose à la reine de ②,

l'énoncé (2), lorsqu'on le traite d'une façon analogue, *ne* peut *pas* se réduire au libellé :

> w a été donné en cadeau par le roi de quelque chose à la reine de x,

car en fait il se réduit au libellé :

(4) w a été donné en cadeau par le roi de quelque chose à la reine de ce même endroit.

Or (2) ne dit pas de w et de x ce que (1) dit de ① et de ② ; au contraire, (2) est dans sa forme fondamentalement différent de (1), comme on le voit clairement en comparant (3) et (4). Ce défaut de parallélisme détruirait notre projet de théorie de la substitution, et en conséquence nous refusons de parler d'introduction lorsque nous avons affaire à des cas de ce genre.

La seconde restriction est la suivante : *P ne peut être introduit dans aucun schéma dont les quanteurs contiennent des variables qui sont libres dans P.* Cette restriction répond à peu de chose près aux mêmes motifs que la précédente. Le meilleur moyen de comprendre le problème qui se pose est de comparer un certain nombre de cas simples d'introduction. L'introduction des prédicats :

(5) y aime ①, z aime ①, w aime ①,

respectivement, dans l'occurrence de '*F*' dans '$(\exists x)Fx$', donne respectivement les énoncés ouverts :

$(\exists x)\, y$ aime x, $(\exists x)\, z$ aime x, $(\exists x)\, w$ aime x,

c'est-à-dire en mots : 'y aime quelqu'un', 'z aime quelqu'un' et 'w aime quelqu'un'[1]. Au lieu de quoi l'introduction de '① aime ①' donne la proposition '$(\exists x)\, x$ aime x', ou en mots 'Quelqu'un s'aime lui-même'. Cette opposition entre le résultat de l'introduction du prédicat '① aime ①' et les résultats de l'introduction des prédicats (5) est tout à fait en harmonie avec la différence fondamentale de forme entre le prédicat '① aime ①' et les prédicats (5). Considérons maintenant l'introduction de 'x aime ①'. Si elle était permise, elle donnerait encore '$(\exists x)\, x$ aime x', malgré le fait que 'x aime ①' a une structure analogue à celle des prédicats (5) plutôt qu'à celle de '① aime ①'. C'est à cause d'anomalies de ce genre que notre seconde restriction a été formulée, car elle interdit l'introduction, par exemple, de 'x aime ①' dans '$(\exists x)Fx$'. L'introduction d'un prédicat dans l'occurrence de '*F*' dans '$(\exists x)Fx$' est censée donner lieu à une expression où le quanteur '$(\exists x)$' porte seulement sur les places marquées '①' dans le prédicat introduit ; ce résultat, qui est atteint dans le cas des prédicats (5) ainsi que dans le cas de '① aime ①', ne le serait pas pour 'x aime ①'.

Donc en résumé l'introduction d'un prédicat P dans une occurrence donnée d'une lettre L à l'intérieur d'un schéma S

---

1. Ou 'quelque chose' ; cf. fin du § 36.

ne doit s'entendre au sens du § 40 qu'à condition qu'aucune variable figurant dans un quanteur de *P* ne figure dans une suite de variables attachées à l'occurrence donnée de *L*, et qu'aucune variable figurant dans un quanteur de *S* ne soit libre dans *P*. Sinon il ne s'agira pas d'une introduction. Un prédicat ou un schéma de prédicats qui contient '($\exists x$)' ne peut pas être introduit dans une occurrence d'une lettre de prédicat suivie d'une suite qui contient '*x*'; et un prédicat ou un schéma de prédicats dans lequel '*x*' est libre ne peut pas être introduit dans un schéma qui contient '($\exists x$)'.

L'introduction d'énoncés ou de schémas d'énoncés à la place de lettres de proposition ne peut plus se faire sans restriction, depuis qu'il y a des variables et des quanteurs dans les parages. La seconde restriction formulée ci-dessus n'est pas moins nécessaire quand le prédicat *P* est un énoncé qu'autrement; et le raisonnement est le même. On ne doit pas introduire des expressions dans des schémas dont les quanteurs contiennent des variables qui sont libres dans ces expressions.

Exercices

1. Existe-t-il un prédicat qui puisse être introduit dans la première occurrence de '*F*' dans le schéma exhibé dans l'*exercice* 1, § 40, et qui néanmoins ne puisse pas être introduit dans la seconde occurrence de '*F*'? Existe-t-il un prédicat qui puisse être introduit dans la seconde occurrence de '*F*' sans pouvoir l'être dans la première? Existe-t-il un prédicat qui puisse être introduit dans les deux occurrences de '*F*' sans pouvoir l'être dans celle de '*G*'? Existe-t-il un prédicat qui puisse être introduit dans l'occurrence de '*G*' sans pouvoir l'être dans aucune des occurrences de '*F*'? Justifier vos réponses. En cas de réponse affirmative à une question, fournir un exemple.

2. Si (1) du § 40 est susceptible d'être introduit dans une occurrence donnée d'une lettre, quelles conditions doivent être remplies ? Même question pour (5) du § 40.

§ 42. GÉNÉRALISATION DE LA NOTION DE SUBSTITUTION

Maintenant, la notion de substitution peut se formuler en général en empruntant le cadre de la formulation plus particulière du § 14. La *substitution* de prédicats ou de schémas de prédicats aux lettres de proposition et aux lettres de prédicat d'un schéma de quantifications S, consiste à introduire les prédicats ou les schémas de prédicats dans les occurrences des lettres, conformément aux règles suivantes : a) *tout ce qui est introduit dans l'occurrence d'une lettre sera introduit aussi dans toutes les autres occurrences de cette lettre dans S tout entier*, et b) *le résultat final sera soit une proposition, soit un énoncé ouvert, soit un schéma de quantifications.*

Ainsi la substitution des prédicats :

(1)   ($\exists z$) ① doit z à ②, w déteste ①, y est riche,

à 'F', à 'G' et à 'p' respectivement, dans le schéma ouvert :

(2) $\sim(\exists x)(Fyx \cdot \bar{p} \cdot Gx \cdot \sim Fxw)$,

donne l'énoncé ouvert :

(3) $\sim(\exists x)((\exists z) y$ doit z à $x \cdot \sim y$ est riche $\cdot w$ déteste $x \cdot \sim(\exists z)$ x doit z à w).

On a obtenu (3) à partir de (2) en introduisant '($\exists z$)① doit z à ②' dans *chaque* occurrence de 'F', 'w déteste ①' dans l'occurrence de 'G', et 'y est riche' dans l'occurrence de 'p'. L'introduction de '($\exists z$) ① doit z à ②' dans les occurrences de 'F' consiste à remplacer 'Fyx' et 'Fxw' respectivement par '($\exists z$) y doit z à x' et par '($\exists z$) x doit z à w'. L'introduction de 'w déteste ①' dans l'occurrence de 'G' consiste à remplacer 'Gx'

par 'w déteste x'. Enfin, l'introduction de 'y est riche' dans 'p' consiste tout simplement à mettre 'y est riche' à la place de 'p'.

Autre exemple, la substitution des mêmes prédicats (1) à 'F', 'G' et 'p' respectivement, dans le schéma clos :

(4) $(\exists v)(\sim(\exists x)(Fvx \cdot Gx \cdot \bar{p}) \cdot (\exists u)Fvu)$,

donne l'énoncé ouvert :

(5) $(\exists v)(\sim(\exists x)((\exists z) v$ doit z à $x \cdot w$ déteste $x \cdot \sim y$ est riche) $\cdot$
             $(\exists u)(\exists z) v$ doit z à $u)$.

Par ailleurs, la substitution de :

(6) $(\exists z)$ ① doit z à ②, Simon déteste ①, Jupin est riche,

à 'F', 'G' et 'p' respectivement, dans le schéma clos (4), donne la proposition :

(7) $(\exists v)(\sim(\exists x)((\exists z) v$ doit z à $x \cdot$ Simon déteste $x \cdot \sim$ Jupin
             est riche) $\cdot (\exists u)(\exists z) v$ doit z à $u)$.

La substitution des schémas de prédicats :

             $(\exists z)F$ ① z ②, Gw ①, Hy,

à 'F', 'G' et 'p' respectivement, dans (4), donne le schéma :

(8) $(\exists v)(\sim(\exists x)((\exists z)Fvzx \cdot Gwx \cdot \sim Hy) \cdot (\exists u)(\exists z)Fvzu)$.

La possibilité de substituer dépend, à chacune des étapes, de la possibilité d'introduire (*cf.* § 41). Ainsi un prédicat qui a 'x' comme variable libre n'est pas substituable à l'intérieur d'un schéma qui contient '$(\exists x)$'; un prédicat qui contient '$(\exists x)$' ne peut pas davantage être substitué à une lettre de prédicat qui gouverne une suite de variables dans laquelle figure 'x'. Du reste ces obstacles ne se présentaient pas dans les exemples précédents.

La possibilité de substituer ne dépend pas seulement de celle d'introduire; elle dépend aussi de la condition (b) ci-dessus : le résultat d'une substitution doit être soit une proposition, soit un énoncé ouvert, soit un schéma de quanti-

fications. Cette condition était satisfaite dans les exemples
précédents; mais il y a pour elle mainte façon de ne l'être pas.
Si l'on introduit des prédicats dans certaines des lettres de prédicat ou de proposition sans toucher à certaines autres lettres
de prédicat ou de proposition, le résultat sera une expression
hybride du type de (3) et (4) au § 40. On obtiendra un résultat
du même genre si l'on introduit à certaines places des schémas
de prédicats et ailleurs des prédicats. Ou encore, si dans deux
des schémas de prédicats qu'on introduit, figure la même
variable de prédicat attachée à des suites de variables de
longueur différente, le résultat sera en infraction au critère de
formation du § 39. Il y aura aussi infraction à ce critère si un
schéma de prédicats qu'on a introduit contient une lettre de
prédicat qui figure, accompagnée d'une suite de variables de
longueur différente, à un autre endroit du schéma à l'intérieur
duquel on procédait à l'introduction. Ou encore, si l'on introduit un prédicat qui contient dans un rond un chiffre dépassant
la suite des variables accompagnant la lettre de prédicat à
laquelle on veut substituer, ce chiffre survivra à l'introduction
et empêchera le résultat d'être soit une proposition, soit un
énoncé ouvert, soit un schéma de quantifications.

La formulation générale de la *substitution conjointe*,
comme celle de la substitution ordinaire, rentre dans le cadre
des méthodes du § 14. La substitution conjointe de prédicats
ou de schémas de prédicats à des lettres de proposition ou de
prédicat, dans deux ou plus de deux schémas de quantifications donnés, consiste à introduire ces prédicats ou schémas de
prédicats dans des occurrences de lettres à l'intérieur de tous
ces schémas donnés, en se conformant aux règles suivantes :
a') *tout ce qui est introduit dans une occurrence d'une lettre
sera introduit aussi dans toutes les autres occurrences de cette
lettre dans ces schémas tout entiers*, et b') *les résultats finaux
seront soit des propositions, soit des énoncés ouverts, soit des
schémas de quantifications.*

On va maintenant faire une extension de la notion d'*instance* d'un schéma fonctionnel (§ 15) aux schémas clos en général : on dira qu'une instance d'un schéma clos est toute proposition obtenue de ce schéma par substitution. La proposition (7), par exemple, est une instance du schéma (4). La notion d'*instances correspondantes* (§ 15) se transporte d'une manière analogue. Les deux principes énoncés au § 15 à propos des schémas fonctionnels sont évidemment valables pour tous les schémas clos : i) si un schéma est formé à partir d'un autre par substitution, alors toutes les instances du premier sont des instances du second, et ii) si une paire de schémas est formée à partir d'une autre paire par substitution conjointe, alors toutes les instances correspondantes de la première paire sont des instances correspondantes de la seconde paire.

Il n'est pas vrai que tout résultat d'une substitution effectuée dans un schéma clos soit une instance ; car la substitution dans un schéma clos peut donner un énoncé ouvert ou un schéma aussi bien qu'une proposition (voir (5), (8)). Pour obtenir une instance, il faut substituer des prédicats, et non pas des schémas de prédicats ; et en outre des prédicats qui ne contiennent pas de variable libre.

Une instance d'un schéma clos fait apparaître une proposition à la place de chaque lettre de proposition ; et à la place de chaque schéma atomique ouvert (voir § 39), une proposition ou un énoncé ouvert qui ne contiendra pas d'autres variables libres que celles qui figuraient dans ce schéma atomique ouvert. Par exemple, l'instance (7) de (4) fait apparaître la proposition 'Jupin est riche' à la place du 'p' de (4), l'énoncé ouvert '$(\exists z) v$ doit z à x' (avec 'v' et 'x' comme seules variables libres) à la place de 'Fvx' de (4), l'énoncé ouvert 'Simon déteste x' à la place de 'Gx' de (4), et l'énoncé ouvert '$(\exists z) v$ doit z à u' à la place de 'Fvu' de (4).

Exercices

1. Écrire le résultat de la substitution de § 41(1) à '*F*' dans :
    $\sim(\exists z)((\exists y)Fyzy . \sim(\exists y)Fzyw)$,
et le traduire en mots. Savoir si la proposition ainsi formée est vraie ou fausse ne relève pas de la logique mais, en l'espèce, de l'histoire. Néanmoins quelle est votre opinion sur sa valeur de vérité ?

2. Spécifier deux schémas de prédicats dont la substitution conjointe à '*F*' et à '*G*' dans les schémas :
    (i) $(\exists x)(\sim Gx . (\exists y)Fxy)$, $\sim(\exists y)(Gy . \sim(\exists z)(Gz . Fyz))$,
donnera respectivement les schémas :
    $(\exists x)(\sim(\exists w)Gxwz . (\exists y)(\exists w)(Fwy . Gywx))$,
    $\sim(\exists y)((\exists w)Gywy . \sim(\exists z)((\exists w)Gzwz . (\exists w)(Fwz . Gzwy)))$.

3. Les schémas (i) ci-dessus ont des instances correspondantes qui admettent pour traductions en mots :

Quelqu'un a révélé le mot de passe à un non-initié,

Le mot de passe est révélé à chaque initié par un initié.
Spécifier les prédicats dont la substitution conjointe à '*F*' et à '*G*' donne ces instances.

§ 43. LA NOTION DE VALIDITÉ GÉNÉRALISÉE
À LA THÉORIE DE LA QUANTIFICATION

En abordant la quantification, nous avons provisoirement laissé tomber '∨'. Ce symbole avait toujours été une abréviation non indispensable ; nous en passer avait même simplifié notre besogne en restreignant les choix à opérer lorsqu'il s'agit de paraphraser en symboles le langage usuel. Mais présentement '∨' est à même de nous rendre à nouveau service.

La dualité, ainsi que le désir de faire porter la négation sur des lettres seulement, avaient motivé, au § 21, l'introduction de ce '$\lor$' redondant et nous avait conduit à écrire '$p \lor q$' pour '$\sim(\sim p \, . \, \sim q)$'. Or, pour des raisons apparentées, on a coutume d'introduire une notation redondante pour la *quantification universelle* en écrivant '$\sim(\exists x) \sim Fx$' sous la forme '$(x)Fx$' ou encore '$(\forall x)Fx$' (*cf.* § 34). Le quanteur '$(\exists x)$' est alors appelé quanteur *existentiel*, pour éviter les confusions.

Entre quantification universelle et existentielle d'une part, conjonction et disjonction d'autre part, il y a une analogie étroite. En effet, supposons que $a, b, c, \ldots$ soient tous les objets de l'univers du discours. Alors '$(x)Fx$' se réduit à la conjonction '$Fa \, . \, Fb \, . \, Fc \, . \, \ldots$', tandis que '$(\exists x)Fx$' se réduit à la disjonction '$Fa \lor Fb \lor Fc \lor \ldots$'. C'est pourquoi certains logiciens, qui écrivent '$\land$' pour la conjonction, écrivent aussi '$\land x$' pour '(x)' et '$\lor x$' pour '$(\exists x)$'.

Tant que nous nous occupions surtout de questions comme la paraphrase du langage usuel en symboles ou la théorie générale de la substitution et de l'équivalence, ces notations excédentaires '$\lor$' et '(x)' auraient été plus gênantes qu'utiles. Mais dans les prochains développements, qui aboutiront à une procédure de démonstration pour la théorie de la quantification, nous apprécierons l'avantage qu'il y a d'employer '$\lor$' et '(x)'.

On a dit qu'un schéma fonctionnel est *valide* si toutes ses instances sont vraies (*cf.* § 23). Cette définition est admissible dans le cas des schémas quantificationnels en général, pour autant qu'ils sont clos. Mais pour ceux qui sont ouverts ? Leurs instances, si nous prolongeons aussi loin l'extension de la notion d'instance, seront des énoncés ouverts, et comme tels, ni vraies ni fausses.

La clé du problème est le quanteur universel. Nous formons la *clôture universelle* d'un schéma ouvert en y préfixant des quanteurs universels '(x)', '(y)', etc., correspondant à toutes ses variables libres. Cela étant, *un schéma ouvert sera*

dit valide si sa clôture universelle est valide; or un schéma
clos est valide si toutes ses instances sont vraies.

Le schéma ouvert suivant est valide :

(1) $\sim((x)Fx \cdot \sim Fy)$,

par exemple 'si toute chose a une masse, y a une masse'. Car sa
clôture universelle :

(2) $(y)\sim((x)Fx \cdot \sim Fy)$,

est valide. Une instance typique de ce schéma clos dit en effet :
prenez un objet quelconque y; si tout objet a une masse, cet
objet y en a une.

On avait affirmé plus haut, qu'un schéma fonctionnel est
inconsistant si sa négation est valide. Cette formulation peut
être conservée, s'agissant cette fois des schémas quantificationnels en général. Pour des schémas clos, cela se réduit à dire
encore qu'un schéma inconsistant est un schéma dont toutes
les instances sont fausses. Mais cela ne signifie pas qu'un
schéma ouvert est inconsistant si sa clôture universelle est
inconsistante. Pour les schémas ouverts, l'espèce de clôture
pertinente pour cette question est la *clôture existentielle, i.e.*
celle qu'on forme en préfixant les '$(\exists x)$', '$(\exists y)$', etc., qui correspondent à toutes les variables libres figurant dans le schéma.
En effet, reprenons la question pas par pas. Un schéma ouvert
'—' est inconsistant, avons-nous dit, si et seulement si '$\sim(—)$'
est valide; or '$\sim(—)$' est valide, si et seulement si sa clôture
universelle :

        $(x)(y)\ldots \sim(—)$,

est valide; or cette dernière équivaut à :

        $\sim(\exists x)(\exists y)\ldots(—)$,

et donc sera valide si et seulement si :

        $(\exists x)(\exists y)\ldots(—)$

est inconsistante. Donc *un schéma ouvert est inconsistant si sa clôture existentielle est inconsistante ; et un schéma clos est inconsistant si toutes ses instances sont fausses.*

D'après cela, le schéma ouvert :

(3) $(x)Fx . {\sim}Fy,$

est inconsistant, car sa négation, qui est (1), est valide. Un exemple de schéma clos inconsistant est la clôture existentielle de (3), à savoir :

(4) $(\exists y)((x)Fx . {\sim}Fy).$

Au § 26, on a dit qu'un schéma en *implique* un autre s'il est inconsistant avec la négation de ce dernier. Cette formulation se transporte à la théorie des schémas de quantifications en général. Donc, puisque (3) est inconsistant, '$(x)Fx$' implique 'Fy'.

Exercices

1. Récrire les schémas des *exercices* 1-2 du § 42 d'une façon aussi concise que possible au moyen des quanteurs universels et de la disjonction, sans utiliser ni quanteur existentiel ni conjonction.

2. Même question pour les *exercices* des § 39 et 40.

§ 44. EXTENSION DE LA NOTION D'ÉQUIVALENCE

Comme nous l'avons observé au § 26, une *équivalence* est une *implication dans les deux sens*. Maintenant que l'implication a été étendue aux schémas de quantifications en général, cette caractérisation va pouvoir servir de définition à l'équivalence entre schémas de quantifications en général. Notamment s'il s'agit de schémas clos, définir l'équivalence de cette manière se ramène encore à dire, comme au § 16, que des schémas équivalents ne donnent jamais lieu à des instances correspondantes qui auraient des valeurs de vérité différentes. Mais s'il s'agit de schémas ouverts, on ne peut pas parler de la valeur de vérité d'une instance.

Un exemple simple de schémas clos équivalents nous est fourni par :

(1) $(\exists w)Fw$, $(\exists x)Fx$, $(\exists y)Fy$, $(\exists z)Fz$,

etc. Tous ces schémas, et leurs variantes obtenues en prenant des variables dans l'alphabet de toutes les manières possibles, sont évidemment équivalents les uns aux autres. Il en est de même pour :

(2) $(w)Fw$, $(x)Fx$, $(y)Fy$, $(z)Fz$.

Autre exemple, les schémas :

(3) $(\exists x)Fx \cdot p$, $(\exists x)(Fx \cdot p)$

sont équivalents. En effet des instances correspondantes quelconques de (3) feront apparaître une proposition, disons par exemple 'Socrate est mortel', à la place de 'p'. Supposons que cette proposition soit fausse, alors '$(\exists x)Fx \cdot p$' le sera aussi, indépendamment de 'F' ; donc '$Fx \cdot p$' sera faux pour tous les x, indépendamment de 'F', et par suite '$(\exists x)(Fx \cdot p)$' sera faux. Supposons maintenant que la proposition substituée à 'p' soit vraie, alors '$Fx \cdot p$' aura, pour chaque choix d'un objet x, la même valeur de vérité que 'Fx', et donc '$(\exists x)(Fx \cdot p)$' s'accordera en valeur de vérité avec '$(\exists x)Fx$' ; mais il en sera de même de '$(\exists x)Fx \cdot p$'. Par conséquent, quelle que soit la proposition que nous prenions pour 'p' et quel que soit le prédicat que nous prenions pour 'F', les deux schémas (3) s'accorderont sous le rapport de la valeur de vérité.

De même que les schémas (3), les schémas :

(4) $(\exists x)Fx \vee p$, $(\exists x)(Fx \vee p)$

sont équivalents : on peut l'établir en raisonnant par cas, comme on l'a fait pour (3). Nous le laissons en exercice.

Les équivalences suivantes découlent de notre définition de '(x)' par '$\sim(\exists x)\sim$' :

(5) $\sim(\exists x)Fx$, $(x)\sim Fx$.
(6) $\sim(x)Fx$, $(\exists x)\sim Fx$.

Pour compléter, les équivalences (3) et (4) ont des homologues avec quanteur universel :

(7) $(x)Fx \cdot p$, $(x)(Fx \cdot p)$
(8) $(x)Fx \vee p$, $(x)(Fx \vee p)$.

En fait ces dernières équivalences sont implicites dans (3)-(6). Voici la démonstration de (7) :

$(x)\sim\sim Fx \cdot p$	(4), § 16
$\sim(\exists x)\sim Fx \cdot p$	(5)
$\sim((\exists x)\sim Fx \vee \sim p)$	(14), § 21
$\sim(\exists x)(\sim Fx \vee \sim p)$	(4)
$(x)\sim(\sim Fx \vee \sim p)$	(5)
$(x)(Fx \cdot p)$	(14), § 21

Pour (8) la démonstration est analogue.

La notion de transformation directe et inverse a été développée au § 19. Comme le montre la preuve qu'on vient de donner, c'est une méthode qui s'applique aussi utilement aux schémas quantificationnels en général qu'aux schémas fonctionnels. Nous avons vu aux § 18-19 que si une transformation par une paire de schémas fonctionnels équivalents fait passer d'un schéma fonctionnel à un autre, alors ces deux derniers schémas sont équivalents. On peut établir cette loi pour les schémas de quantifications en général, au moyen d'un raisonnement tout à fait analogue, mais plus complexe, que nous laissons de côté ici [1].

---

[1]. Une preuve d'une loi identique à celle-là en substance se trouve au § 18 de *Mathematical Logic*.

Herbrand appelle les équivalences (3)-(8) *règles de passage*. Si une expression quantifiée est un composant immédiat d'une conjonction, d'une disjonction ou d'une négation, une transformation directe par l'une appropriée des équivalences (3)-(8) servira à faire sortir le quanteur pour qu'il porte sur cette conjonction, cette disjonction ou cette négation tout entière. Prenons par exemple (2) du § 43. Cela se transformera en :

$$(y) \sim (x)(Fx \cdot \sim Fy) \qquad (7)$$

et de là en :

$$(y)(\exists x) \sim (Fx \cdot \sim Fy). \qquad (6)$$

C'est de cette façon qu'on transforme un schéma quantificationnel quelconque en un schéma *prénexe*, *i.e.* en un schéma tel que tous les quanteurs qu'il contient sont alignés en tête, chacun d'entre eux portant sur la partie du schéma commençant à ce quanteur.

Mais il y a manifestement un obstacle, lorsque le quanteur que nous voulons faire sortir pour le mettre en tête d'une conjonction ou d'une disjonction contient une variable qui est libre dans l'autre membre de la conjonction ou de la disjonction considérées. Ainsi, nous ne pourrions pas transformer '$(\exists x)Fx \cdot Gx$' en '$(\exists x)(Fx \cdot Gx)$', car cette opération est tributaire de la substitution de 'Gx' à 'p' dans (3), et cette substitution enfreint la restriction formulée à la fin du § 41. Néanmoins, ce que nous avons toujours le droit de faire, c'est changer la variable de quantification moyennant (1) ou (2), de manière à éviter la collision. Nous pouvons transformer '$(\exists x)Fx \cdot Gx$' de la manière suivante :

$$(\exists y)Fy \cdot Gx \qquad (1)$$
$$(\exists y)(Fy \cdot Gx) \qquad (3)$$

En général, pour mettre un schéma en forme prénexe, le mieux à faire est souvent de commencer par rebaptiser les variables de quantification de manière que les lettres figurant dans tous les quanteurs soient distinctes entre elles et distinctes des variables libres figurant dans le schéma à transformer. Nous continuons alors en appliquant les règles de passage.

Exercice

Transformer le schéma :

$\sim(x)(\exists y)Fxy \vee \sim((\exists y)(z)Fyz \cdot \sim(x)(z)Fxz)$

en un schéma prénexe, en explicitant toutes les étapes.

§ 45. LES DÉMONSTRATIONS D'INCONSISTANCE

Nous avons noté que '$(x)Fx$' implique 'Fy' (§ 43). A cette implication particulière et aux autres de la même forme (*i.e.* qui n'en diffèrent qu'à la notation des variables près ou à une substitution à 'F' près), on donne un nom spécial, celui d'*instantiation universelle*. Nous dirons donc que l'instantiation universelle mène de '$(x)Fx$' ou de '$(y)Fy$' à 'Fx', à 'Fy', et à 'Fz'; de '$(y)(Gy \vee Hz)$' à '$Gx \vee Hz$'; de '$(z)Gzy$' à 'Gyy', etc. En règle générale, l'instantiation universelle consiste à supprimer un quanteur universel initial et éventuellement à remplacer les occurrences de la variable figurant dans ce quanteur par une autre variable, pourvu que celle-ci ne figure pas déjà dans d'autres quanteurs.

Cette dernière précaution est indispensable afin que '$(\exists y)Gyy$' ne soit pas considéré comme une instantiation universelle de '$(x)(\exists y)Gxy$'. En effet '$(x)(\exists y)Gxy$' et '$(\exists y)Gyy$' ne sont pas réellement les résultats d'une substitution opérée dans '$(x)Fx$' et dans 'Fy'; la substitution de '$(\exists y)G \textcircled{1} y$' à '$F$' dans '$Fy$' irait contre la première restriction du § 41. '$(\exists y)Gyy$' n'est impliqué par '$(x)(\exists y)Gxy$' à aucun titre, instantiation universelle ou autre, car si nous prenons 'x est différent de y'

pour 'Gxy', alors '$(x)(\exists y)Gxy$' devient vrai tandis que '$(\exists y)Gyy$' devient faux.

L'instantiation existentielle est la même opération que l'instantiation universelle, mais cette fois avec le quanteur existentiel. Ainsi l'instantiation existentielle mène de '$(\exists x)Fx$' à 'Fz' et de '$(\exists y)(Gy \vee Hz)$' à '$Gx \vee Hz$', etc. À la différence de l'instantiation universelle, l'instantiation existentielle n'assure pas l'implication : '$(\exists x)Fx$' n'implique pas 'Fz'. Elle n'en est pas moins des plus utiles. Ainsi supposons qu'on nous donne une hypothèse d'existence, que je schématise par '$(\exists x)(—x—)$', et que nous soyons en train de raisonner à partir de cette hypothèse. Cette hypothèse nous informe qu'il existe au moins un objet qui satisfait '$—x—$'. Eh bien, dirons-nous alors, soit z un tel objet. Si la lettre 'z' est une lettre qui n'a pas encore servi et qui n'est pas déjà grevée d'autres hypothèses, on ne faussera pas le raisonnement si on choisit cette lettre pour nom de circonstance de l'objet dont on a assumé l'existence. Voilà le mécanisme de l'instantiation existentielle. Notre raisonnement part de '$—z—$', expression plus commode à manipuler que '$(\exists x)(—x—)$', car elle n'a plus le quanteur existentiel. Si au bout de la course nous dérivons une contradiction, nous aurons même réfuté '$(\exists x)(—x—)$'.

Nous illustrerons ce procédé en démontrant l'incompatibilité des propositions :

Il y a quelqu'un qui aime tout le monde,

et

Il y a quelqu'un que personne n'aime.

À savoir :

(1) $(\exists x)(y)(x \text{ aime } y)$,
(2) $(\exists x)(y) \sim(y \text{ aime } x)$.

Soit z, disons, un des objets dont (1) affirme l'existence, donc :

(3) $(y)(z \text{ aime } y)$.

Et soit w un des objets dont (2) affirme l'existence, donc :

(4) $(y) \sim(y$ aime $w)$.

Or (3) implique par instantiation universelle que z aime w, tandis que (4) implique par instantiation universelle que $\sim(z$ aime $w)$, ce qui est une contradiction.

Nous voilà donc devant une procédure pour démontrer qu'un schéma est inconsistant. Le raisonnement ci-dessus peut recevoir le titre de démonstration, par instantiation universelle et existentielle, du fait que les schémas :

(5) $(\exists x)(y)Fxy$,
(6) $(\exists x)(y) \sim Fyx$,

sont contradictoires entre eux, *i.e.* du fait que leur conjonction est inconsistante.

Démonstration d'inconsistance :

(7)	$(y)Fzy$	(5)
(8)	$(y) \sim Fyw$	(6)
	Fzw	(7)
	$\sim Fzw$	(8)

Dans nos démonstrations antérieures, les lignes provenaient les unes des autres par des transformations qui donnaient des équivalences. Il ne faut pas perdre de vue qu'il n'en va pas de même dans nos démonstrations d'inconsistance selon la nouvelle manière. Dans celles-ci les lignes s'obtiennent toujours par instantiation universelle ou existentielle, selon que la ligne utilisée commence par un quanteur universel ou par un quanteur existentiel. La démonstration est terminée une fois qu'on a, comme plus haut, capitalisé une contradiction qui s'exprime par une fonction de vérité.

Toute étape qui est une instantiation existentielle est soumise à la règle impérative que *la variable choisie n'ait pas déjà été utilisée.* Car à défaut de cette règle, nous prouverions facilement que '$(\exists x)Fx$' est inconsistant avec '$(\exists x) \sim Fx$' en dérivant 'Fy' de l'un et '$\sim Fy$' de l'autre. Ou encore, nous démontrerions que '$(\exists x)Gxy$' est inconsistant avec '$(x)\sim Gxx$' en dérivant 'Gyy' de l'un et '$\sim Gyy$' de l'autre. Or il est évident que '$(\exists x)Fx$' et '$(\exists x)\sim Fx$' sont consistants : prendre 'x aime l'opéra' pour 'Fx', alors les deux deviennent vrais. '$(\exists x)Gxy$' et '$(x)\sim Gxx$' sont également consistants ; il suffit pour le voir de prendre à nouveau 'x est différent de y' pour 'Gxy'.

La contradiction qui termine une démonstration d'inconsistance n'est pas toujours aussi simple que les 'Gyy' et '$\sim Gyy$', 'Fy' et '$\sim Fy$', 'Fzw' et '$\sim Fzw$' des exemples précédents, mais elle est toujours une fonction de vérité. Autrement dit, une démonstration d'inconsistance s'achève par un schéma qui est (ou par plusieurs schémas dont la conjonction est) tout simplement un schéma fonctionnel inconsistant dans lequel des schémas atomiques comme 'Fzw' ont remplacé les 'p', 'q', etc. Or nous avons appris au § 25 comment déterminer si de tels schémas sont inconsistants.

Quand une démonstration d'inconsistance met en cause deux ou plus de deux schémas de quantifications, comme c'était le cas pour (5) et (6) plus haut, ce qu'elle démontre, c'est l'inconsistance de leur conjonction. Mais nous pouvons aussi avoir à démontrer l'inconsistance d'un schéma isolé qui ne se présente pas, de l'extérieur, comme une conjonction. En voici un :

(9) $(\exists x)(y)(z)(Fxy . \sim Fzx)$.

Démonstration d'inconsistance :

(10) $(y)(z)(Fwy . \sim Fzw)$ (9)
(11) $(z)(Fww . \sim Fzw)$ (10)
        $Fww . \sim Fww$ (11)

Cette méthode ne peut s'appliquer qu'aux schémas prénexes, pris isolément comme dans le cas de (9), ou pris ensemble comme c'est le cas pour (5) et (6). Mais nous savons par le § 44 comment transformer un schéma de quantifications quelconque en un schéma prénexe. Nous avons donc bien une méthode générale de démonstration d'inconsistance.

Elle constitue aussi une méthode capable de démontrer une implication. Pour démontrer que '$(\exists x)(y)Fxy$' implique '$(y)(\exists x)Fxy$' (par exemple, s'il y a quelqu'un qui aime tout le monde, tout le monde est aimé par un tel ou un tel), nous montrerions que (5) est inconsistant avec '$\sim(y)(\exists x)Fxy$', qui en forme prénexe est '$(\exists y)(x) \sim Fxy$', ou bien, en mettant d'autres lettres, inconsistant avec (6). Cela a déjà été fait.

Cette méthode s'étend aussi à la validité et à l'équivalence, car un schéma est valide si sa négation est inconsistante, et des schémas sont équivalents si chacun d'eux implique l'autre.

On peut montrer que cette méthode a la propriété de *complétude*, c'est-à-dire qu'il n'existe pas de schéma quantificationnel inconsistant, ni (par conséquent) de conjonction inconsistante de schémas quantificationnels, dont on ne puisse montrer l'inconsistance par notre méthode[1]. Mais cette méthode ne constitue pas un *test* ou une *procédure de décision*. Elle ne réussit pas à être une telle procédure parce qu'elle ne rend que des verdicts d'inconsistance, et non pas de consistance. Devant un insuccès obstiné dans une tentative de construction d'une démonstration d'inconsistance pour un schéma donné, rien en général ne nous indique si l'insuccès tient à ce que ce schéma est consistant, ou au contraire seulement au fait que la démonstration de son inconsistance nous échappe encore. Pour les schémas fonctionnels nous disposons d'une procédure de décision (§ 25); elle fournit chaque fois une réponse par oui ou par non à la question de l'incon-

---

1. Ceci a été établi par K. Gœdel, « Die Vollständigkeit der Axiome des logischen Funktionenkalküls », *Monatshefte für Mathematik und Physik*, 37, 1930, p. 349-460 [[trad. fr. in *Logique mathématique. Textes*, Armand Colin, 1972]], pour une méthode de démonstration en théorie de la quantification qui diffère de la nôtre. Son raisonnement peut être adapté à notre méthode, et même simplifié dans son application. Voir l'Appendice à *Methods of Logic*.

sistance. Pour les schémas de quantifications on ne connaît pas de méthode de ce genre, et même l'existence d'une telle méthode est théoriquement impossible [1].

Exercices

1. Démontrer que ces schémas sont inconsistants (entre eux) :

$\sim(\exists x)Fx,$ $\qquad$ $(x)Gx,$ $\qquad$ $\sim(\exists x)(\sim Fx \cdot Gx).$

2. Même question pour :

$(x)(Fx \cdot Gx),$ $\qquad\qquad$ $\sim((x)Fx \vee \sim(x)Gx).$

3. Démontrer l'inconsistance du schéma :

$(\exists z) \sim(\exists x)(Fxxz \vee \sim(y)Fxyz).$

4. A la lumière de l'avant-dernier alinéa du § 45, démontrer l'équivalence des schémas :

$(x)(Fx \cdot Gx),$ $\qquad\qquad$ $(x)Fx \cdot (x)Gx.$

5. Même question pour :

$(\exists x)(Fx \vee Gx),$ $\qquad\qquad$ $(\exists x)Fx \vee (\exists x)Gx.$

6. Démontrez ce que vous pouvez concernant les relations entre les schémas :

$(x)(Fx \vee Gx),$ $\qquad\qquad$ $(x)Fx \vee (x)Gx,$
$(\exists x)(Fx \cdot Gx),$ $\qquad\qquad$ $(\exists x)Fx \cdot (\exists x)Gx.$

§ 46. DU RAISONNEMENT LOGIQUE

Les propositions qui sont des instances de schémas fonctionnels valides ou inconsistants ont été respectivement dites vraies ou fausses au sens des fonctions de vérité (§ 24-25). Plus généralement les propositions qui sont des instances de schémas de quantifications valides ou inconsistants seront à présent dites vraies ou fausses *au sens de la quantification*.

1. Ceci a été établi par A. Church, « A note on the *Entscheidungsproblem* », *Journal of Symbolic Logic*, 1, 1936, p. 40-41, 101-102.

La conjonction de (1) et de (2) du § 45 est fausse au sens de la quantification. De même des propositions qui sont des instances correspondantes de schémas de quantifications équivalents seront dites équivalentes au sens de la quantification. Si des propositions sont des instances correspondantes de schémas de quantifications dont l'un implique l'autre, on dira que l'une de ces propositions implique l'autre au sens de la quantification. Ainsi le paragraphe précédent a montré que 'Il y a quelqu'un qui aime tout le monde' implique au sens de la quantification 'Tout le monde est aimé de tel ou tel'.

Le logiquement vrai lui-même, dans l'acception non absolument déterminée de la page 25, pourrait être identifié au vrai au sens de la quantification. On identifiera ou on n'identifiera pas ces deux notions, selon l'extension qu'on donne à la catégorie des 'expressions logiques'. Si nous limitons cette catégorie à la liste de la page 25, alors le logiquement vrai est le vrai au sens de la quantification et l'équivalence et l'implication logiques sont l'équivalence et l'implication au sens de la quantification. Si, au contraire, nous considérons comme logiques certaines autres expressions irréductibles à celles de cette liste, comme '=' ou même '∈' (§ 47-48), il y aura du vrai, des équivalences et des implications qui seront logiques sans être du vrai, des équivalences ou des implications au sens de la quantification.

En tout état de cause, la logique dans l'acception la plus stricte est la théorie de la quantification, et une déduction logique, dans l'acception la plus stricte également, consiste à établir une implication au sens de la quantification. Une déduction logique consiste en ceci : on affirme qu'une proposition donnée s'ensuit logiquement, à titre de conclusion d'une ou de plus d'une proposition données, qu'on appelle prémisses ; pour justifier cette affirmation, on montre alors que la prémisse ou la conjonction des prémisses impliquent la conclusion au sens de la quantification. Nous savons maintenant comment cela se montre. Le processus comporte plusieurs étapes. D'abord nous paraphrasons la conclusion annoncée ainsi que les prémisses, en termes de quanteurs, de conjonction, de disjonction et de négation. Puis, nous mettons les prémisses et la négation de la conclusion en forme prénexe (§ 44). Ensuite, nous faisons nos instantiations universelles et existentielles, en prenant soin, dans les instantiations existentielles, de choisir chaque fois une variable neuve. Si l'instantiation nous donne des lignes sans quanteurs, nous les examinons ou nous les testons pour voir si nous avons capitalisé une contradiction au sens des fonctions de vérité, ce qui établirait l'implication.

Supposons qu'on nous donne les prémisses suivantes :

(1)   L'inspecteur fouillait tous ceux qui pénétraient dans le bâtiment excepté ceux qui étaient accompagnés par des membres du personnel de l'entreprise ;

(2)   Certains des hommes de la bande de Fiorecchio pénétrèrent dans le bâtiment sans être accompagnés de personne d'étranger à la bande de Fiorecchio ;

(3)   L'inspecteur n'a fouillé aucun des hommes de la bande de Fiorecchio ;

et que nous voulions montrer qu'il s'ensuit la conclusion :

(4)   Certains des hommes de la bande de Fiorecchio étaient membres du personnel de l'entreprise.

Nous commençons par traduire les prémisses en symboles (*cf.* § 38). Pour (1) nous obtenons successivement :

$\sim(\exists x)(x$ a pénétré dans le bâtiment . $\sim x$ était accompagné par un membre du personnel . $\sim$l'inspecteur a fouillé x),

(5) $\sim(\exists x)(Bx . \sim(\exists y)(My . Ayx) . \sim Ix)$,

où 'Bx' est une abréviation pour 'x a pénétré dans le bâtiment', 'My' une abréviation pour 'y était un membre du personnel de l'entreprise', 'Ayx' une abréviation pour 'y accompagnait x'

et 'Ix' une abréviation pour 'l'inspecteur a fouillé x'. Une traduction analogue de (2)-(4) donne :

(6) $(\exists x)(Fx \cdot Bx \cdot \sim(\exists y)(Ayx \cdot \sim Fy))$,
(7) $\sim(\exists x)(Fx \cdot Ix)$,
(8) $(\exists y)(Fy \cdot My)$,

avec 'Fx' pour abréviation de 'x était un des hommes de la bande de Fiorecchio'.

Notre première tâche est maintenant de transformer (5)-(7) en utilisant (5)-(7) du § 44, jusqu'à ce que nous ayons des formes prénexes. Le résultat est :

(9) $(x)(\exists y) \sim(Bx \cdot \sim(My \cdot Ayx) \cdot \sim Ix)$,
(10) $(\exists x)(y)(Fx \cdot Bx \cdot \sim(Ayx \cdot \sim Fy))$,
(11) $(x) \sim(Fx \cdot Ix)$.

En procédant d'une façon analogue, la négation de la conclusion annoncée donne la forme prénexe :

(12) $(y) \sim(Fy \cdot My)$.

Nous commençons alors à instantier, et nous trouvons :

(13) $(y)(Fw \cdot Bw \cdot \sim(Ayw \cdot \sim Fy))$ (10)
(14) $(\exists y) \sim(Bw \cdot \sim(My \cdot Ayw) \cdot \sim Iw)$ (9)
(15) $\sim(Bw \cdot \sim(Mz \cdot Azw) \cdot \sim Iw)$ (14)
(16) $Fw \cdot Bw \cdot \sim(Azw \cdot \sim Fz)$ (13)
(17) $\sim(Fw \cdot Iw)$ (11)
(18) $\sim(Fz \cdot Mz)$ (12)

Nous n'allons pas plus loin, car (15)-(18) sont contradictoires. Un procédé général qui permet de s'en assurer mécaniquement consiste à mettre leur conjonction en forme normale disjonctive (§ 25). Quatre simplifications utilisant (5) du § 20 réduisent la conjonction de (15)-(17) à :

$$Mz \cdot Azw \cdot Fw \cdot Bw \cdot Fz \cdot \sim Iw,$$

qui déjà est visiblement en contradiction avec (18).

Exercices

1. Par la méthode du présent §, justifier les implications suivantes (qui sont des implications au sens de la quantification) :

> Tous les habitants du village admirent Gaspard. Ou bien aucun des habitants du village ne craint Gaspard, ou bien certains qui le craignent l'admirent.
>
> Tous ceux qui sont collés sont paresseux, mais certains étudiants ne sont ni brillants ni paresseux. Certains étudiants qui ne sont pas brillants ne sont pas collés.
>
> Aucun magistrat n'accepte de pot de vin. Aucun magistrat honnête n'accepte de pot de vin.
>
> Tout homme généreux est estimé de tous ceux qui le connaissent. Si aucune personne qui est estimée par tous ceux qui la connaissent n'a jamais à craindre de tomber dans le besoin, aucun homme généreux n'a à craindre de tomber dans le besoin.
>
> Quiconque n'a pas payé sa cotisation ne reçoit pas le *Bulletin*; et aucun membre du ministère n'a payé sa cotisation. Aucun membre du ministère ne reçoit le *Bulletin*.

2. Dans le même style, montrer à partir de 'Le cercle est une figure' que 'Quiconque trace un cercle trace une figure'. (Exemple cité au XVIIe siècle par Jungius, d'une inférence qui ne rentre pas dans le cadre de la syllogistique.)

3. À partir des prémisses :

> Hector n'achète rien aux autochtones ['*I*'] sauf aux Rifains,
>
> Hector a acheté un fez à un autochtone blond,

montrer la conclusion 'Quelques Rifains sont blonds'.

4. Dériver la même conclusion à partir des prémisses suivantes :

Un Anglais n'achète rien aux autochtones sauf aux Rifains,

Un touriste anglais a acheté un fez à un autochtone blond.

5. À partir des prémisses :

Le portier voit tous ceux qui entrent par le portail,

Le portier n'a jamais vu aucun des accusés avant la semaine dernière,

montrer la conclusion :

Aucun des accusés n'est entré par le portail avant la semaine dernière.

Note – L'insistance sur l'indication de temps contenue dans la seconde prémisse et dans la conclusion suggère qu'il y a avantage à expliciter l'import temporel de la première prémisse dans la traduction en symboles. Or il est évident que la première prémisse signifie que le portier voit tout entrant au moment où il entre.

§ 47. L'IDENTITÉ ET LES TERMES SINGULIERS

Jusqu'ici il n'a nulle part été fait mention explicite du type simple d'inférence qui mène de :

(1)   Tom s'est marié avec Sadie,

à 'Quelqu'un s'est marié avec Sadie', *i.e.* :

(2) $(\exists x)\, x$ s'est marié avec Sadie.

On peut arranger une inférence de ce genre de façon à ce qu'elle rentre dans le cadre de l'implication au sens de la quantification, en attribuant à une variable libre le rôle du nom propre. Ainsi (1) et (2) seront figurés par 'Fz' et '$(\exists x)Fx$'. L'implication à établir se réduit alors à l'inconsistance de '$\sim(\exists x)Fx$' avec 'Fz', et la démonstration est immédiate :

Fz
$(x) \sim Fx$
$\sim F$z.

Dans cet exemple, il n'y avait pas de raison de déloger le nom propre 'Sadie' comme on a délogé celui de Tom, à cause du caractère fixe de la combinaison de mots 's'est marié avec Sadie', qui s'est conservée telle quelle tout au long du raisonnement.

Notre procédé de représenter les noms propres par des variables libres ne se justifie que pour les noms qui désignent quelque chose qui se trouve dans le domaine des valeurs de nos variables. Tom ferait mieux de figurer dans le domaine des valeurs de la variable quantifiée de (2), car il est, pour cette variable, la valeur qui importe. Touchant cette hypothèse – que l'objet pour lequel on dispose d'un nom propre existe et se trouve dans le domaine des valeurs de nos variables – le mieux serait, plutôt que de la traiter comme une prémisse supplémentaire, de la considérer comme présupposée par le fait même de paraphraser un nom propre en une variable libre, pendant l'étape préparatoire à la mise en forme d'un raisonnement.

Les noms propres sont des termes singuliers, mais tous les termes singuliers ne sont pas des noms propres, du moins pas au sens étroit du mot. Car il existe aussi des termes singuliers complexes, tels 'le mari de Sadie', 'l'entraîneur de Bluffton', '5 + 6'. On peut mettre tous ces termes singuliers sous une forme générale, celle des *descriptions singulières* (singular descriptions), c'est-à-dire sous la forme 'l'objet x tel que Fx', soit en abrégé '$(\imath x)Fx$'. Ce qui les différencie des noms propres simples, du point de vue de l'inférence logique, c'est qu'ils ont une structure logique interne. Sans doute pourrions-nous nous contenter d'employer 'z' pour 'l'entraîneur de Bluffton', comme nous l'avons fait pour 'Tom', si nous ne nous proposions que de déduire (2) de :

L'entraîneur de Bluffton s'est marié avec Sadie.

Mais si nous voulons déduire qu'un entraîneur s'est marié avec Sadie, nous sommes bien forcé de faire fond sur l'intérieur de la description 'l'entraîneur de Bluffton'. En général, quand nous créons 'z' pour qu'il tienne lieu de '$(\imath x)Fx$', nous espérons avoir le droit d'affirmer notamment 'Fz', *i.e.* par exemple, que l'homme qui est entraîneur à Bluffton est entraîneur à Bluffton.

Il y a en plus la question de l'unicité. Car normalement l'expression '$(\imath x)Fx$' 'l'objet x tel que Fx' ne doit être employée que quand nous croyons qu'il existe un et seulement un objet x tel que Fx. Dans la pratique, il est naturel de laisser sous-entendue la majeure partie de ce qui constitue la condition 'Fx'. Par exemple, lorsque nous disons 'l'inspecteur', nous entendons peut-être 'l'individu qui était de service dans les bâtiments de l'Argus le matin de Pâques 1911', et l'emploi que nous faisons de la construction abrégée indique la conviction où nous sommes qu'il n'existe qu'un tel objet, quoiqu'il y ait plus d'un objet x tel que x est un inspecteur. Cette sorte d'ellipse est à mettre sur le même plan que les tours elliptiques notés au § 2. En supposant restituée la partie sous-entendue de 'Fx', la condition d'unicité qu'en général nous déclarons ouvertement dans les situations où 'z' tient lieu de '$(\imath x)Fx$', s'énoncera :

(3) $\sim(\exists x)(Fx \cdot \sim(x=z))$,

c'est-à-dire Fx pour aucun x excepté pour z. Cette condition d'un côté, 'Fz' de l'autre, constituent donc les deux prémisses dont il convient de regarder l'admission comme implicite toutes les fois qu'on fait représenter '$(\imath x)Fx$' par 'z' dans un raisonnement au sens de la quantification. On appellera ces prémisses les *prémisses de description*. Pour montrer qu'une conclusion donnée s'ensuit de prémisses données qui renferment '$(\imath x)Fx$', nous mettons une nouvelle variable, 'z' par exemple, à la place de '$(\iota x)Fx$' dans les prémisses et dans la conclusion, et ensuite nous démontrons que la conclusion ainsi modifiée est impliquée par les prémisses ainsi modifiées auxquelles nous ajoutons les prémisses de description, à savoir (3) et 'Fz'.

Ce traitement des descriptions singulières a pour effet de maintenir la description en dehors du traitement formel ; car à l'intérieur de celui-ci il n'interviendra, à sa place, qu'un 'z' libre. La notation de description '$(\iota x)Fx$' ne joue aucun rôle formel, sauf de nous avertir de faire attention aux prémisses de description (3) et 'Fz'. Cependant, un élément nouveau, et qui n'est pas '$(\iota x)Fx$', s'est introduit dans le formalisme, à savoir le signe '$=$' de l'*identité*, lequel figure dans (3). Donc, en général, quand nous montrons qu'une conclusion est consé-quence de prémisses données qui incluent (3) et 'Fz', nous n'employons pas purement et simplement la théorie de la quantification ; si nous voulons tirer de (3) tous les bienfaits possibles, il nous faut aussi appeler à la rescousse les *axiomes de l'identité*.

L'un des axiomes de l'identité est '$(x)(x = x)$'. Ses autres axiomes sont toutes les clôtures universelles des énoncés et des schémas qu'on peut obtenir par substitution à 'G' dans :

$$\sim(x = y \mathbin{.} Gx \mathbin{.} \sim Gy).$$

Ces énoncés seront logiquement vrais si nous comptons '$=$' au nombre des expressions logiques, mais ils ne sont pas vrais au sens de la quantification. Il en sera de même pour les raisonnements qui font intervenir des descriptions singu-lières : ils établissent des implications logiques en dépassant les limites de l'implication au sens de la quantification.

La théorie de l'identité sert aussi dans le raisonnement logique élémentaire ailleurs que dans les descriptions singu-lières. Ainsi supposons qu'à partir de (1) et de 'Sadie n'a aimé que Tom', nous voulions prouver :

(4) $\sim(\exists x)$(Sadie a aimé x . $\sim x$ s'est marié avec Sadie).

En prenant 'z' pour 'Tom', 'Sadie n'a aimé que Tom' devient :

(5) $\sim(\exists x)$(Sadie a aimé x . $\sim(z=x)$).

Notre problème est donc de montrer que la négation de (4), *i.e.* :

(6) $(\exists x)$(Sadie a aimé x . $\sim x$ s'est marié avec Sadie),

est contradictoire avec (5) et 'z s'est marié avec Sadie'. Le lecteur s'apercevra qu'il ne peut mener à bien cette preuve au moyen de la méthode du § 46 que s'il complète (5), (6) et 'z s'est marié avec Sadie' par un des axiomes de l'identité qui en l'espèce sera :

> $(x)(y) \sim (x=y$. x s'est marié avec Sadie . $\sim y$ s'est marié avec Sadie).

Exercices

1. Terminer le problème du dernier alinéa ci-dessus.

2. Établir la conclusion :
    Certains inspecteurs d'assurances sont très malins,
à partir des prémisses :
    L'inspecteur d'assurances qui était chez nous hier a roulé notre directeur général,
    Quiconque roule notre directeur général est très malin,
et d'une seule prémisse de description.

3. Établir la conclusion 'Lapierre n'est pas le caissier' à partir des prémisses 'Lapierre envie le caissier' et 'Nul ne s'envie lui-même', avec, en fait d'axiome de l'identité, la clôture universelle de :

> $\sim(x=y$. x envie z . $\sim y$ envie z).

§ 48. L'APPARTENANCE

Quand nous disons que les hommes sont nombreux, nous ne voulons pas dire que chaque homme est nombreux, ni non plus que quelques hommes sont nombreux. Ce qui est doué de la propriété d'être nombreux, c'est une certaine entité abstraite, la *classe* des hommes. Quand nous disons que l'homme est une espèce zoologique, nous voulons dire que cette entité abstraite, la classe des hommes, est une espèce zoologique. Quand nous disons que les Apôtres sont douze, ou une douzaine, nous voulons dire encore qu'une entité abstraite, la *classe* des Apôtres, est une douzaine ; car aucun apôtre n'est une douzaine. Chaque Apôtre *appartient à* cette entité abstraite qu'est la classe des Apôtres, et chaque homme appartient à la classe des hommes. La notation symbolique utilisée pour cela est '$x \in y$'. Ainsi Pierre $\in$ classe des apôtres, et aussi Pierre $\in$ classe des hommes.

Les mathématiques de l'appartenance ou des classes, ordinairement appelées *théorie des ensembles*, ont eu des ennuis avec la notion d'existence. On s'attendrait que pour tout énoncé ouvert quelconque dans le rôle de 'Fx', il existe une classe z, telle que :

$$(x)(x \in z \equiv Fx).$$

Or c'est une exigence trop forte. Il suffit de prendre $\sim(x \in x)$ pour 'Fx', et on a le *paradoxe de Russell* :

$$(x)(x \in z \equiv \sim(x \in x)).$$

L'ennui, c'est que ce résultat implique par instantiation universelle l'énoncé contradictoire '$z \in z \equiv \sim(z \in z)$'.

Le problème fondamental de la théorie des ensembles devient donc celui d'établir pour quels énoncés jouant le rôle de 'Fx' on pourra admettre l'existence d'une classe z. Comme nous venons de le voir, il faut tout de suite renoncer à certaines classes. En ce qui concerne les autres, on trouve que certaines pourront être admises lorsque certaines autres ne le sont pas ; et c'est la recherche des combinaisons séduisantes sur ces points, qui est à l'origine de la multiplication des théories des ensembles distinctes.

Une façon de recouvrer une partie de la force et des avantages du principe naïf de l'existence des classes[1] est d'admettre certaines classes qui auront le statut, sujet à des limitations, de classes *ultimes*[2], *i.e.* de classes qui n'appartiennent à aucune autre classe. Le mot 'ensemble' est alors réservé pour désigner les classes qui ne sont pas ultimes. L'idée d'introduire des classes ultimes, due à von Neumann[3], nous permet de ressusciter, à l'abri des contradictions, le principe naïf de l'existence des classes, en lui imposant la forme restreinte suivante : pour toute condition donnée quelconque sur x, il existe une classe z, éventuellement ultime toutefois, à laquelle appartiennent exactement tous les *ensembles x* qui satisfont à cette condition. Dans ce contexte, la question de savoir quelles classes existent se ramène à celle de savoir quelles classes sont des ensembles. Ici, encore on a le choix entre plusieurs voies.

A côté des problèmes d'existence qu'elle soulève, la notion d'appartenance se distingue par la variété des définitions qu'elle rend possibles. Pour commencer avec le plus mince de ses dividendes en matière de définition, citons '$x = y$'. Deux façons de définir l'identité viennent d'elles-mêmes à

---

1. [[Au lieu de « principe de l'existence des classes », on trouve aussi dans la littérature : « principe de compréhension ».]]

2. [[Dans la littérature on désigne aussi par « classes propres » (= classes véritables), ces classes qui ne sont plus élément de rien et que Quine appelle « ultimes »]].

3. J. von Neumann, « Eine Axiomatisierung der Mengenlehre », *Journal für reine und angewandte Mathematik*, 154, 1925, p. 219-240. Pour une étude d'ensemble de divers systèmes axiomatiques de la théorie des ensembles, voir la troisième partie de mon ouvrage *Set theory and Its Logic*, Cambridge, Harvard University Press, 1963, [2e éd. rev. augm. 1969].

l'esprit. En empruntant l'abréviation '≡' au § 21, l'une d'elles s'écrit :

(1) $(w)(w \in x \equiv w \in y)$,

c'est-à-dire les mêmes objets appartiennent à x et à y. L'autre est :

(2) $\sim(\exists z)(x \in z \cdot \sim(y \in z))$.

En effet, si y appartient à toute classe z à laquelle x appartient, alors en particulier y appartient à la classe dont le seul élément est x. Cependant (1) ne suffit pas à rendre '$x = y$' lorsque x et y ne sont pas des classes ; tandis que (2) est insuffisant lorsque x est une classe ultime. Mais nous pouvons comprendre dans notre définition tous les sens de l'identité, en posant '$x = y$' comme étant la conjonction de (1) et de (2).

Nous pouvons encore faire beaucoup plus. En la combinant avec la négation, la conjonction et les quanteurs, la notion d'appartenance est susceptible de remplacer toutes les notions de l'arithmétique, de l'algèbre, du calcul différentiel et intégral, ainsi que des branches des mathématiques dérivées. N'importe quel théorème de l'une quelconque de ces disciplines, par exemple :

$$5 + 11 = 16,$$
$$\sim(\exists x)(x \text{ est un nombre} \cdot x \neq x + 0),$$
$$\sim(\exists x)(\exists y)(x \text{ est un nombre} \cdot y \text{ est un nombre} \cdot x + y \neq y + x),$$

peut être traduit en un énoncé (fort long, sans doute) qui sera entièrement composé d'énoncés ouverts '$x \in y$', '$x \in z$', '$y \in z$', etc., moyennant la négation, la conjonction et les quanteurs[1].

Un théorème fameux, dû à Gödel, affirme qu'aucune procédure de démonstration ne peut dominer tous les énoncés

---

1. Cf. *Mathematical Logic*, chap. III-VI.

vrais de l'arithmétique à l'exclusion des énoncés faux[1]. Puisque nous pouvons exprimer l'arithmétique dans la théorie des ensembles, il s'ensuit qu'il faut abandonner tout espoir de parvenir à un système axiomatique complet pour la théorie des ensembles. Il est facile de montrer à titre de corollaire que nous ne pouvons même pas rendre complet le secteur particulier de la théorie des ensembles qui renferme les hypothèses relatives à l'existence des classes ou à la propriété d'être un ensemble[2]. Ainsi il n'existe pas de moyen véritable de minimer les exceptions au principe naïf de l'existence des classes. On peut tout juste essayer de minimer leur obscurité ou leur incommodité, et tenter de réaliser dans l'axiome de l'existence des classes une alliance heureuse de force et de simplicité.

Quand on affirme que les mathématiques en général se réduisent à la logique, on compte '∈' parmi le vocabulaire de la logique, et du même coup on regarde la théorie des ensembles comme de la logique. Cette conception a pu être favorisée par une confusion entre le 'Fx' de la logique et le '$x \in z$' de la théorie des ensembles. A considérer les choses dans un sens exact et restreint, 'F' n'est pas une variable quantifiable, qui renverrait à une classe, à un attribut, ni à n'importe quoi qui puisse se dire de soi-même. L'importance de cette opposition entre la lettre schématique 'F' de prédicat et la variable quantifiable 'z' de classe saute aux yeux, pour peu que nous nous arrêtions à contempler ce qu'a réalisé la quantification portant sur les classes. C'est elle qui nous a contraint, à cause de la menace des paradoxes, à reconnaître que certains énoncés ouverts représentables sous la forme 'Fx' ne sont pas représentables sous la forme '$x \in z$'. Même assagie de cette

1. K. Gœdel, « Ueber formal unentscheidbare Sätze der *Principia Mathematica* und verwandter Systeme », *Monatshefte für Mathematik und Physik*, 38, 1931, p. 173-198.

2. Voir mon article « Element and Number », *Journal of Symbolic Logic*, 6, 1941, p. 135-149, (Repr. in *Selected Logic Papers*, 1966, p. 121-140).

façon, la quantification sur les classes continue à engendrer un discours trop riche pour pouvoir rentrer, comme c'est le cas pour la logique au sens propre, dans le cadre d'une procédure complète de démonstration. Il y a d'ailleurs une différence dans l'ontologie admise : c'est qu'une proposition exprimée au moyen de quanteurs portant sur des classes dépendra pour sa vérité de l'existence d'objets particuliers – les classes – tandis que les vérités logiques au sens strict ne traitent pas d'une sorte d'objets plutôt que d'une autre.

Affirmer que les mathématiques en général ont été réduites à la logique fait croire à un renforcement des mathématiques dans leurs fondations. Affirmation qui risque de créer un malentendu. Car la théorie des ensembles est moins bien assise et plus conjecturale que l'édifice même des mathématiques classiques que l'on peut bâtir sur elle. Ces faiblesses de la théorie des ensembles sont en soi une raison valable de la considérer comme une partie des mathématiques extérieure à la logique. La logique, au meilleur sens et au sens le plus strict du terme, jouit de toutes les qualités de solidité et de sûreté dont son nom même est synonyme. Les choses étant ce qu'elles sont, nous ne pouvons pas nous attendre que la plupart des vérités que nous connaissons reçoivent un fondement à l'intérieur de la logique, lorsque nous l'entendons dans ce sens.

APPENDICE

RÉPONSES AUX EXERCICES [1]

Avec le souci de rendre service aux lecteurs de ce livre, on a rassemblé ici les réponses aux exercices proposés dans le texte. Elles sont le plus brèves possible : lorsque plusieurs exercices se ressemblent, un seul d'entre eux a été traité ; pour d'autres, la réponse à été donnée sans faire l'objet d'un développement ; enfin, pour les trop faciles, aucune solution n'a été proposée.

§ 2. Le premier, le second et le quatrième énoncés sont des propositions au sens strict. Des précisions de temps, de lieu ou de personne sont respectivement nécessaires pour transformer les énoncés 3, 5 et 6 en propositions.

§ 3. 'Rome est en Italie **.** Paris est en Italie **.** Campione est en Suisse'. Conjonction dont on reconnaît la fausseté sitôt qu'on sait que son second membre est faux.

§ 4. 'Si le train est parti en retard, alors il est arrivé en retard' ; 'le train n'est ni parti en retard, ni arrivé en retard' ; 'le train n'arrive jamais en retard' ; 'un petit nombre de trains seulement arrivent en retard'.

---

1. Ces solutions, qui ne figurent pas dans le texte original de Quine, ont été ajoutées par Jean Largeault.

§ 5. 1. Non; non. 2. Oui; non. En langage usuel, sur la base de l'information supposée disponible, on aurait plutôt tendance à regarder (1) comme faux.

§ 6. 'À moins que' : naturel si par exemple c'est l'heure du déjeuner. 'Mais' : employé à la Courteline. 'Quoique' : difficilement interprétable ; peut-être un bureaucrate débordé ou un patron séquestré.

§ 7. 'Si la Renardière n'est pas un bon placement, alors Dupont s'est trompé dans ses prévisions' ; 'Dupont s'est trompé dans ses prévisions seulement si la Renardière n'est pas un bon placement' ; 'la Renardière est un bon placement, à moins que Dupont se soit trompé dans ses prévisions' ; 'il est faux que ni la Renardière n'est un bon placement, ni Dupont ne s'est trompé dans ses prévisions'.

§ 8. 'Quoi que l'on considère, si cela est un homme, alors cela est un mortel' ; 'quel que soit l'individu considéré, s'il s'aide lui-même, alors Dieu l'aide' ; 'quel que soit l'individu considéré, s'il aime quelqu'un, alors tout le monde l'aime' (instance du schéma de quantifications '$(x)(y)((\exists z)Fyz \supset Fxy)$').

§ 10. '$\sim(\sim(\sim J . \sim M) . \sim(\sim(\sim(\text{ni } A \text{ ni } P \text{ et } D . \sim R \text{ et } C) . \sim(\sim\text{ni } A \text{ ni } P \text{ et } D . R \text{ et } C))))$' au lieu de (4) ; '$\sim(\sim(\sim J . \sim M) . \sim(\sim(\sim(\sim A . \sim(P . D) . \sim(R . C)) . \sim(\sim(\sim A . \sim(P . D)) . (R . C)))))$' au lieu de (6).

§ 13. 1. Les trois deviennent indiscernables. 2. Avec des symbolisations évidentes :

$$\sim(\sim(V . A) . \sim(D . C));$$
$$\sim((M . C) . \sim(T . \sim(\sim J . \sim O))).$$

§ 14. 1. On obtient (ii) en substituant '$\sim p$' à 'p', '$\sim p$' à 'q', et 'p' à 'r' dans le schéma donné ; (iv) en substituant '$\sim q$' à 'p',

'$\sim q$. q' à 'q' et 'q' à 'r' dans le schéma donné; (v) en substituant '$\sim (q . \sim r)$' à 'p', '$\sim q . r$' à 'q' et '$(q . \sim r)$' à 'r'.

2. Si l'on prolonge chacune des substitutions indiquées en les prenant identiques sur 's', on obtient par substitution conjointe dans les cas (ii), (iv) et (v) respectivement :

$$\sim (p . \sim (\sim p . s . p)),$$
$$\sim (q . \sim (\sim q . s . q)),$$
$$\sim ((q . \sim r) . \sim (\sim (q . \sim r) . s . (q . \sim r))).$$

§ 15. 1. '$\sim (\sim$il pleut . $\sim (\sim$il pleut . $\sim$il pleut) . $\sim$il pleut)', par substitution de '$\sim$il pleut' à 'p' et à 'q', et de 'il pleut' à 'r'; ce qui s'exprime encore ainsi : ou bien s'il ne pleut pas, alors il ne pleut pas et il ne pleut pas ou bien il pleut. On procéderait d'une manière analogue pour (iv).

3. En termes de conjonction et de négation, la première de ces propositions s'écrit : '$\sim$(le garde a tiré sur la victime . $\sim$(le garde a tiré sur la victime . $\sim$le garde a fait des sommations à la victime) . $\sim$la victime est civilement responsable)', qui est une instance du schéma '$\sim (p . \sim (p . q) . \sim r)$' par substitution de 'le garde a tiré sur la victime' à 'p', de '$\sim$le garde a fait des sommations à la victime' à 'q' et de 'la victime est civilement responsable' à 'r'.

La seconde des deux propositions est une instance du schéma '$\sim (r . \sim (p . s . r))$' par substitution de 'la victime est responsable' à 'r', de 'le garde est responsable' à 'p', et de 'le caissier est responsable' à 's'.

Ces deux propositions ne sont pas des instances correspondantes de la paire de schémas mentionnés, puisque les substitutions effectuées ne coïncident pas (sur 'p').

§ 16. 2. Les propositions :
$$\sim (1+1=2 . \sim (1+1=2 . 2+1=3) . \sim 2+3=5),$$
et
$$\sim (2+3=5 . \sim (1+1=2 . 2=1 . 2+3=5)),$$

sont des instances correspondantes des schémas (vi) de l'*exercice* 2, § 14 ; or la première est vraie et la seconde fausse.

§ 17. La proposition donnée (i), instance de :

$$p \cdot \sim(q \cdot \sim p)$$

par substitution de 'le tuf flotte' à 'p', de 'le tuf a une origine volcanique' à 'q', est équivalente à 'le tuf flotte' d'après § 16(5).

Par substitution de 'le tuf flotte' à 'p', de 'le tuf a une origine volcanique' à 'q', et de '$\sim$le tuf flotte' à 'r' dans le premier des deux schémas § 16(6), on obtient '$\sim$(le tuf flotte . $\sim$(le tuf a une origine volcanique . $\sim$le tuf flotte))' qui est une négation de (i). Cette dernière proposition est équivalente à '$\sim$(le tuf flotte . $\sim$le tuf a une origine volcanique) . $\sim$(le tuf flotte . $\sim\sim$le tuf flotte)', d'après § 16(6).

§ 18. (On n'illustre que l'étape finale de la démonstration du théorème de remplacement pour le cas du schéma F donné, la partie '$\sim(p \cdot \sim(q \cdot r))$' étant F_0 et '$\sim(p \cdot \sim q) \cdot \sim(p \cdot \sim r)$' étant G_0). Le résultat de ce remplacement est un nouveau schéma, G, qui est :

$$\sim(\sim(p \cdot q \cdot \sim(\sim(p \cdot \sim q) \cdot \sim(p \cdot \sim r))) \cdot \sim r).$$

F_0 figure dans F précédé de '$\sim$'. Soit F_1 le schéma '$\sim F_0$', *i.e.* F_1 est '$\sim\sim(p \cdot \sim(q \cdot r))$'. F_1 figure dans F relié par un '.' à '$p \cdot q$'. Soit F_2 le schéma '$p \cdot q \cdot \sim\sim(p \cdot \sim(q \cdot r))$'. Ce dernier figure dans F précédé par un '$\sim$', et ainsi de suite, de sorte que nous avons : $F_3 =$ '$\sim(p \cdot q \cdot \sim\sim(p \cdot \sim(q \cdot r)))$', $F_4 =$ '$\sim(p \cdot q \cdot \sim\sim(p \cdot \sim(q \cdot r))) \cdot \sim r$', $F_5 = F$. Parallèlement nous avons $G_1 =$ '$\sim(\sim(p \cdot \sim q) \cdot \sim(p \cdot \sim r))$', $G_2 =$ '$p \cdot q \cdot \sim(\sim(p \cdot \sim q) \cdot \sim(p \cdot \sim r))$', ..., $G_5 = G$. Or F_0 est équivalent à G_0 en vertu de § 16(6), F_1 est équivalent à G_1 en vertu de (i) § 18, F_2 est équivalent à G_2 en vertu de (ii) § 18, etc. Finalement F est équivalent à G.

§ 19. (Ce que Quine appelle transformation consiste en un remplacement opéré à l'intérieur d'un schéma sur une ou plusieurs occurrences d'un composant, moyennant une substitution dans une équivalence établie par ailleurs).

1. Les schémas obtenus sont : a) '$q \cdot p \cdot \sim(p \cdot q \cdot r)$', (aucune substitution); b) '$p \cdot q \cdot \sim(q \cdot p \cdot r)$' (aucunes substitution); c) '$q \cdot \sim(p \cdot q \cdot r) \cdot p$', G_1' s'obtenant par substitution de 'p' à 'p' et de '$q \cdot \sim(p \cdot q \cdot r)$' à '$q$' dans '$p \cdot q$', et G_2' par la même substitution dans '$q \cdot p$'; d) '$p \cdot q \cdot \sim(q \cdot r \cdot p)$', la substitution étant 'p' à 'p' et '$q \cdot r$' à 'q'; e) '$p \cdot q \cdot \sim(p \cdot r \cdot q)$', la substitution étant 'q' à 'p' et 'r' à 'q'; f) '$\sim(p \cdot q \cdot r) \cdot p \cdot q$', la substitution étant '$p \cdot q$' à 'p' et '$\sim(p \cdot q \cdot r)$' à 'q'; g) '$p \cdot q \cdot \sim(r \cdot p \cdot q)$', la substitution étant '$p \cdot q$' à 'p' et 'r' à 'q'; h) '$p \cdot \sim(p \cdot q \cdot r) \cdot q$', la substitution étant 'q' à 'p' et '$\sim(p \cdot q \cdot r)$', à 'q'.

2. Il y en a onze, à savoir :

$$\sim\sim p \cdot q \cdot \sim(p \cdot q \cdot r), \qquad p \cdot \sim\sim q \cdot \sim(p \cdot q \cdot r),$$
$$p \cdot q \cdot \sim(\sim\sim p \cdot q \cdot r), \qquad p \cdot q \cdot \sim(p \cdot \sim\sim q \cdot r),$$
$$p \cdot q \cdot \sim(p \cdot q \cdot \sim\sim r), \qquad \sim\sim(p \cdot q) \cdot \sim(p \cdot q \cdot r),$$
$$p \cdot \sim\sim(q \cdot \sim(p \cdot q \cdot r)), \qquad p \cdot q \cdot \sim\sim\sim\sim(p \cdot q \cdot r),$$
$$p \cdot q \cdot \sim(\sim\sim(p \cdot q) \cdot r), \qquad p \cdot q \cdot \sim(p \cdot \sim\sim(q \cdot r)),$$
$$\sim\sim(p \cdot q \cdot \sim(p \cdot q \cdot r)).$$

On transformera le septième schéma ci-dessus en substituant dans § 16(6) 'q' à 'p' et '$p \cdot q$' à 'q'; le onzième en substituant dans § 16(6) '$p \cdot q$' à 'p' et à 'q'.

§ 20. 1. Démonstration de § 20(5) :

$$p \cdot \sim(p \cdot q)$$
$$\sim\sim(p \cdot \sim(p \cdot q))$$

transformation inverse par § 16(4)

$\sim(\sim(p \cdot \sim p) \cdot \sim(p \cdot \sim q))$	§ 16(6)
$\sim(\sim(p \cdot \sim q) \cdot \sim(p \cdot \sim p))$	§ 16(1)
$\sim\sim(p \cdot \sim q)$	§ 20(1)
$p \cdot \sim q$	§ 16(4)

Démonstration de § 20(6) :

$$\sim(p \cdot q \cdot r) \cdot \sim(p \cdot \sim r)$$
$$\sim(p \cdot \sim\sim(q \cdot r)) \cdot \sim(p \cdot \sim r) \quad \S 16(4)$$
$$\sim(p \cdot \sim(\sim(q \cdot r) \cdot r))$$

transformation inverse par § 16(6)

$$\sim(p \cdot \sim(r \cdot \sim(q \cdot r))) \qquad \S 16(1)$$
$$\sim(p \cdot \sim(r \cdot \sim q)) \qquad\qquad \S 20(5)$$
$$\sim(p \cdot \sim(\sim q \cdot r)) \qquad\qquad \S 16(1)$$

la suite comme dans le texte.

2. En substituant 'p' à 'p', 'q_1' à 'q', '$q_2 \ldots q_n$' à 'r' dans '$\sim(p \cdot \sim(q \cdot r))$', on obtient '$\sim(p \cdot \sim(q_1 \cdot q_2 \cdot \ldots \cdot q_n))$' ; par la même substitution dans '$\sim(p \cdot \sim q) \cdot \sim(p \cdot \sim r)$', on obtient '$\sim(p \cdot \sim q_1) \cdot \sim(p \cdot \sim(q_2 \cdot \ldots \cdot q_n))$' ; on a donc deux instances correspondantes de schémas équivalents (§ 16(6)) : ainsi est justifiée la première ligne de la démonstration de § 20(3). Pour obtenir la ligne suivante on substituerait 'p' à 'p', 'q_2' à 'q', '$q_3 \ldots \cdot q_n$' à 'r' dans § 16(6), ce qui donne deux schémas G_1' et G_2', qui sont équivalents en tant qu'instances correspondantes de schémas équivalents. Le remplacement de G_1' par G_2' à l'intérieur du schéma obtenu précédemment donne la seconde ligne, etc.

3. $$\sim(\sim(p \cdot \sim q) \cdot \sim(\sim p \cdot q))$$
$$\sim(\sim(p \cdot \sim q) \cdot \sim\sim p) \cdot \sim(\sim(p \cdot \sim q) \cdot \sim q) \quad \S 16(6)$$
$$\sim(\sim(p \cdot \sim q) \cdot p) \cdot \sim(\sim(p \cdot \sim q) \cdot \sim q) \qquad \S 16(4)$$
$$\sim(p \cdot q) \cdot \sim(\sim(p \cdot \sim q) \cdot \sim q) \qquad\qquad \S 20(5)$$
$$\sim(p \cdot q) \cdot \sim(\sim p \cdot \sim q) \qquad\qquad\qquad \S 20(5)$$

§ 21. 1. Par exemple '$(p \cdot q) \vee (\sim p \cdot \sim q)$' (forme normale disjonctive), '$(\sim p \vee q) \cdot (p \vee \sim q)$' (forme normale conjonctive), '$(p \cdot q) \vee \sim(p \vee q)$', '$\sim(p \cdot \sim q) \cdot \sim(\sim p \cdot q)$', '$\sim((p \vee q) \cdot \sim(p \cdot q))$', etc.

2. Une duale de la forme normale disjonctive de '$p \equiv q$' donnée dans 1 ci-dessus, par exemple '$(p \vee q) \cdot (\sim p \vee \sim q)$', est une négation de '$p \equiv q$'.

3. On a :

$$p \vee q \cdot q \vee r \cdot p \vee r$$
$$(p \vee (q \cdot r)) \cdot (q \vee r) \qquad \qquad \S\, 21(3)$$
$$(p \cdot (q \vee r)) \vee (q \cdot r \cdot (q \vee r)) \qquad \text{duale de } \S\, 21(10)$$
$$(p \cdot q) \vee (p \cdot r) \vee (q \cdot r \cdot q) \vee (q \cdot r \cdot r) \qquad \S\, 21(10)$$

qui se simplifie par la loi d'idempotence de '$\vee$' (duale de l'équivalence § 16(3)) et se réordonne (en utilisant § 21(7)), d'où sort un dual du schéma initial.

On peut aussi après la troisième ligne simplifier au moyen de l'équivalence entre 'r' et '$r \cdot (q \vee r)$' qui s'obtient de § 21(2) par substitution.

4. Respectivement l'équivalence de '$p \vee \sim p$' avec '$q \vee \sim q$', la loi d'idempotence pour '$\vee$', l'autre partie de la loi d'absorption, *i.e.* l'équivalence de '$p \vee (p \cdot q)$' avec 'p', l'équivalence de '$(p \cdot q \cdot \sim r) \vee (p \cdot r)$' avec '$(p \cdot q) \vee (p \cdot r)$'.

§ 22.1. $\bar{s} \vee r \cdot \bar{s} \vee q \cdot p$

$$(\bar{s} \vee (r \cdot q)) \cdot p \qquad \qquad \S\, 21(3)$$
$$p \cdot (\bar{s} \vee (r \cdot q)) \qquad \qquad \S\, 16(1)$$
$$(p \cdot \bar{s}) \vee (p \cdot r \cdot q) \qquad \qquad \S\, 21(10)$$
$$(p \cdot r \cdot q) \vee (p \cdot \bar{s}) \qquad \qquad \S\, 21(7)$$
$$(p \cdot r \cdot q) \vee (\bar{s} \cdot p) \qquad \qquad \S\, 16(3)$$

2. Voir *exercice* 2 du § 21.

3. Réponse :

$$pqr \vee p\bar{q}\bar{r} \vee \bar{p}q\bar{r} \vee \bar{p}\bar{q}r,$$
$$\bar{p} \vee \bar{q} \vee r \cdot \bar{p} \vee q \vee \bar{r} \cdot p \vee \bar{q} \vee \bar{r} \cdot p \vee q \vee r.$$

4. 'L'affaire sera réglée' : 'p' ; 'Dupont gardera son emploi' : 'q' ; 'le directeur des ventes sera rappelé de vacances' : 'r'. En symboles : '$\bar{p}\bar{q} \vee rp$', forme normale disjonctive, vraie pour les systèmes de valeurs de vérité suivants : 'TTT',

'T⊥T', '⊥⊥T', '⊥⊥⊥', fausse pour les autres, comme il apparaît sur la forme normale (distinguée) équivalente : '$pqr \lor p\bar{q}r \lor \bar{p}\bar{q}r \lor \bar{p}\bar{q}\bar{r}$'.

§ 23. 1. Un tel schéma est formé d'un littéral et de sa négation reliés par '$\lor$' : il est de longueur 3.

    2. a) $\sim p \lor \sim\sim q \lor \sim\sim p \lor \sim q$

             $\sim p \lor q \lor p \lor \sim q$

(en abrégé ceci est '$p \supset q \lor q \supset p$') qui est valide.

    b) $pq \lor \bar{p}r \lor \bar{q} \lor \bar{r}$ § 21(13)

        $p \lor \bar{q} \lor \bar{p} \lor \bar{r}$ § 21(12)

qui est valide (en abrégé, b) exprime la transitivité de '$\supset$').

    c) Résultat : on peut observer que '$q \equiv (p \equiv q)$' prend les mêmes valeurs de vérité que 'p'. On doit donc trouver que le schéma donné est valide.

§ 24. 1. Cette proposition n'est pas logiquement vraie d'après la réponse à l'*exercice* 4 du § 22 et le § 24.

    2. $\sim((\sim J \lor S).(\sim S \lor R).\sim(\sim(J.\sim R)))$

        $\sim(\sim J \lor S.\sim S \lor R.J.\sim R)$ § 16(4)

        $\sim(J.S.\sim S.\sim R)$ § 21(5)

Terminer au moyen de § 21(13), § 16(4), § 21(8).

    3. $\sim(J \lor S.\sim(J.S).\sim(J \equiv \sim S))$

        $\sim(J \lor S) \lor (J.S) \lor (J.\sim S) \lor (\sim J.S)$

        $(\sim J.\sim S) \lor (J.S) \lor (J.\sim S) \lor (\sim J.S)$

forme normale disjonctive distinguée du schéma initial. Comme elle est pleine, le schéma en question est valide. On peut aussi simplifier en utilisant § 21(11) deux fois. L'expression se réduit alors à '$J \lor \sim J$' ou à '$S \lor \sim S$'. Cf. *exercice* 1 du § 23.

§ 25. 1. $\bar{p} \lor \bar{q} . \bar{p} \lor q . p \lor \bar{q} . p \lor q$ § 21(13)

        $\bar{p} . p \lor \bar{q} . p \lor q$ § 21(4)

        $\bar{p} . \bar{q} . p \lor q$ § 21(5)

$$\bar{p} \cdot \bar{q} \cdot p \qquad\qquad \S 21(5)$$
$$\bar{p} \cdot p \qquad\qquad\qquad \S 20(2)$$

forme normale disjonctive à un seul facteur qui est inconsistant.

2. a) $\sim(p \cdot \sim q) \cdot p \vee q \cdot \sim(p \cdot q)$
$$\sim p \vee q \cdot p \vee q \cdot \sim p \vee \sim q \qquad \S 21(13), (14)$$
$$q \cdot (\sim p \vee \sim q) \qquad\qquad\quad \S 21(4)$$
$$q \cdot \sim p \qquad\qquad\qquad\quad\ \S 21(5)$$

forme normale disjonctive consistante.

b) $(p \equiv \sim r) \cdot (p \cdot r)$
$$(\sim p \vee \sim r) \cdot (p \vee r) \cdot p \cdot r$$
$$(\sim p \vee \sim r) \cdot p \cdot r \qquad\qquad \S 21(2)$$
$$\sim r \cdot p \cdot r \qquad\qquad\qquad\ \S 21(5)$$
$$p \cdot \sim r \cdot r \qquad\qquad\qquad\ \S 16(1)$$
$$p \cdot r \cdot \sim r \qquad\qquad\qquad\ \S 16(1)$$
$$r \cdot \sim r \qquad\qquad\qquad\quad\ \S 20(2)$$

La seconde proposition donnée est donc fausse au sens des fonctions de vérité (elle est une instance de schéma inconsistant).

§ 26. Vérifions par exemple que 'p' est consistant avec '$\sim(p \cdot q)$' :

$$p \cdot \sim(p \cdot q)$$
$$p \cdot \sim q \qquad\qquad\qquad \S 20(5)$$

est consistant; donc 'p' n'implique pas '$p \cdot q$'. En sens inverse on teste l'inconsistance de '$p \cdot q$' avec '$\sim p$' :

$$(pq) \cdot \bar{p}$$
$$qp\bar{p} \qquad\qquad\qquad\qquad \S 16(1)$$
$$qq\bar{q} \qquad\qquad\qquad\qquad \S 16(2)$$
$$q\bar{q} \qquad\qquad\qquad\qquad\ \ \S 16(3)$$

Donc '$p \cdot q$' implique 'p'. On procéderait d'une manière analogue pour les autres schémas.

§ 27. 1. Réponses seulement : la première ('p') implique la seconde ('$p \lor q$'), la troisième ('$\overline{q}p$') implique la première et la seconde, la quatrième ('$\sim(p \cdot \sim q) \cdot q$') implique la première et la seconde.

2. a) $\sim((q \lor r) \cdot \sim p)$
   b) $\sim(q \cdot \sim p) \lor \sim(r \cdot \sim p)$
   c) $\sim(q \cdot r \cdot \sim p)$
   d) $\sim(q \cdot \sim p) \cdot \sim(r \cdot \sim p)$
   e) $\sim(q \cdot \sim\sim(r \cdot \sim p))$.

b) est équivalent à c) et équivalent à e); a) et d) sont équivalents.

§ 28. Si l'on change 'quelque chose' en 'aucune chose', les considérations du § 28 se transposent car les propositions :

(5')   Aucune chose n'est grande et petite

et

(6')   Aucune chose n'est grande et aucune chose n'est petite,

ne sont pas équivalentes ((6') implique (5') mais l'inverse est faux). Si l'on change 'quelque chose' en 'toute chose', les propositions qu'on obtient à la place de (5) et de (6) sont formellement distinctes mais logiquement équivalentes (cf. *exercice* 4 du § 45).

§ 29.   ($\exists x$) Sadie a volé x au marché.
         ($\exists x$)(Sadie a volé x au marché $\cdot$ Sadie a restitué x).
         ($\exists x$)(Sadie a volé x au marché $\cdot$ ($\exists y$) Sadie a échangé x contre y)).

§ 30. Les quatrième, cinquième et sixième sont des propositions (toutes leurs variables sont liées). Le second et le troisième sont des énoncés ouverts (respectivement deux occurrences libres de 'y'; troisième occurrence de 'y' libre). Le premier contient une occurrence de lettre de proposition et une occurrence libre de '*y*'. Il s'agit d'un schéma, non pas d'un énoncé ouvert, ni d'une proposition.

§ 32. 2. '$(\exists x)$ (Je transportais x . j'examinais x . x est un paquet . x est carré . x est vert . la provenance de x m'est inconnue . le contenu de x m'est inconnu)'.

§ 33. 1. 'Il n'y a aucune chose que Tom aurait échangée contre une chose qu'il aurait perdue'; 'il n'y a aucune chose que Tom aurait échangée contre quelque chose ou bien Tom n'a rien perdu' (compte tenu de § 44(4)); 'il n'y a aucune chose contre laquelle Tom aurait échangé quelque chose, et que Tom aurait perdue'.

2. '$\sim(\exists x)(x$ est un de mes incunables . x est relié en maroquin . x est aussi bien conservé que ce Plutarque)'; '$\sim(\exists x)(x$ est un poème de la Renaissance . x est plus simple dans l'expression que *l'Hymne au Mariage* de Pedaccio . x est plus difficile à comprendre, etc.)'.

§ 34. Toutes ces propositions se rendent par '$\sim(\exists x)(x$ est un homme . $\sim x$ est mortel)'.

§ 35. 2. Sans plus d'information, on considérerait les deux 'un' comme signifiant 'un quelconque', *i.e.* 'tout': '$\sim(\exists x)(x$ est un chiite . x est orthodoxe . $(\exists y)(y$ est un descendant d'Ali . $\sim x$ considère y comme le vrai calife))'.

§ 36. '$\sim(\exists x)$ je vois x plus souvent qu'Arthur . $\sim(\exists x)$ je suis moins disposé à voir x qu'à voir Arthur'. On peut ajouter 'x est une personne' dans les deux membres: '$\sim(\exists x)$ (x est une personne . je vois x plus souvent qu'Arthur) . $\sim(\exists x)(x$ est une personne . je suis moins disposé à voir x qu'à voir Arthur)'.

§ 37. '$\sim(\exists x)(x$ est un moment . il pleut à Pago Pago en x . $\sim$il pleut à torrent à Pago Pago en x)'; '$\sim(\exists x)(x$ est un lieu . je peux me rendre en avion à x . je me rends en chemin de fer à x)'.

§ 38. 1. '~($\exists x$)(x est une personne . x est dans cette pièce . ~($\exists y$)(y est une personne . y est dans la pièce à côté . ~x est plus fort que y)'. — '~($\exists x$)(($\exists y$)(x est une personne . x contribue y à notre caisse commune) . ~x aura droit à notre immortelle gratitude)'.

2. '~($\exists x$)(x est un moment . ($\exists y$)(y est un garçon . y est un eskimo . y atteint sa majorité en x . ($\exists z$)(z est l'Ancien du village de y . ~($\exists u$)(u est un harpon . z fait cadeau de u à y en x))))'.

§ 39. Tous sont des schémas de quantifications (*cf.* § 39, alinéa 3). Le premier est un schéma fonctionnel, le second un schéma composé de schémas atomiques ouverts par des fonctions de vérité. Le premier et le dernier schéma sont clos.

§ 40. 1. Introduction de (1) à la première occurrence de 'F' :
  ~($\exists v$)(⑤ doit y à ④ pour v . ~x a versé y à ④ pour v) . ($\exists w$)… ;
à la seconde occurrence de 'F' :
  ~$Fxyz$. ($\exists w$)(~$Gywxzxz$. ($\exists u$)($\exists v$)(⑤ doit w à ④ pour v . ~u a versé w à ④ pour v)) ;
à l'occurrence de 'G' :
  ~$Fxyz$. ($\exists w$)(~($\exists v$)(x doit w à z pour v . ~y a versé w à z pour v) ;
introduction de (5) à la première occurrence de 'F' :
  ~$Fxyz$. ($\exists v$)Gvz . ($\exists w$)(~G…) ;
à la seconde occurrence de 'F' :
  ~$Fxyz$. ($\exists w$)(~$Gywxzxz$. ($\exists u$)($Fwyu$. ($\exists v$)Gvu)) ;
à l'occurrence de 'G' :
  ~$Fxyz$. ($\exists w$)(~$Fyyx$. ($\exists v$)Gvx).

2. '~($\exists v$)(x doit ① à ② pour v . ~③ a versé ① à ② pour v)'.

§ 41. 1. (Sous les restrictions de ce §) un prédicat dans lequel 'u' ou 'w' (l'un au moins) figure libre ; un prédicat dans lequel 'x', 'y' ou 'z' figure lié ; non, car ce prédicat, ne devant contenir ni 'w' (ni 'u') ni aucun quanteur en 'x', 'y' ou 'z', serait introductible dans '*G*'; non: un prédicat introductible dans '*G*' ne doit contenir aucun quanteur capable de lier une lettre figurant dans la suite attachée à l'occurrence de '*G*'. Or toutes les lettres de la suite attachée à l'une des occurrences de '*F*' figurent dans la suite attachée à '*G*'.

2. a) La condition est que '*v*' ne soit pas une des variables figurant dans la suite attachée à l'occurrence de lettre dans laquelle on introduit. b) '*v*' ne doit pas être une des variables figurant dans la suite attachée à l'occurrence de lettre dans laquelle on introduit, et '*y*' ne doit pas tomber dans le scope d'un quanteur '($\exists y$)' figurant dans le schéma où l'on introduit. *Cf.* p. 161-162.

§ 42. 1. '$\sim(\exists z)((\exists y)(\exists x)y$ a été donné par le roi de *x* à la reine de *z* . $\sim(\exists y)(\exists x)z$ a été donné par le roi de *x* à la reine de *y*)', proposition probablement fausse.

2. '$(\exists w)G①w①$' à '*G*' et '$(\exists w)(Fw② . G②w①)$' à '*F*'.

3. '① est un initié' à '*G*' et '② a révélé le mot de passe à ①' à '*F*'.

§ 43. 1. '$(z)((y)\sim Fyzy \vee \sim(y)\sim Fzyw)$';
'$\sim(x)(Gx \vee (y)\sim Fxy)$';
'$(y)(\sim Gy \vee \sim(z)(\sim Gz \vee \sim Fyz))$';
'$\sim(x)(\sim(w)\sim Gxwx \vee (y)(w)(\sim Fwy \vee \sim Gywx))$';
'$(y)((w)\sim Gywy \vee \sim(z)((w)\sim Gzwx \vee (w)(\sim Fwz \vee \sim Gzwy)))$'.

§ 44.
$(\exists x)(y)\sim Fxy \vee \sim((\exists y)(z)Fyz . \sim(x)(z)Fxz)$ § 44(6), (5)
$(\exists x)(y)\sim Fxy \vee \sim(\exists y)(z)Fyz \vee (x)(z)Fxz$ § 21(13),
§ 16(4)
$(\exists x)(y)\sim Fxy \vee (y)(\exists z)\sim Fyz \vee (x)(z)Fxz$ § 44(5), (6)
$(\exists x)(y)\sim Fxy \vee (u)(\exists v)\sim Fuv \vee (w)(t)Fwt$ § 44(1), (2)
$(\exists x)(y)\sim Fxy \vee (w)(t)(u)(\exists v)(\sim Fuv \vee Fwt)$ § 44(8), (4)
$(w)(t)(u)(\exists v)(\exists x)(y)(\sim Fxy \vee \sim Fuv \vee Fwt)$ § 44(8), (4)

§ 45. 1 [1].

(1) $\sim(\exists x)Fx$

(2) $(x)Gx$

(3) $\sim(\exists x)(\sim Fx \cdot Gx)$

(4) $(x)\sim Fx$ (1) par § 44(5)

(5) $(x)\sim(\sim Fx \cdot Gx)$ (3) par § 44(5)

(6) Gw (2), IU

(7) $\sim Fw$ (4), IU

(8) $\sim(\sim Fw \cdot Gw)$ (5), IU

Or la conjonction de (6), (7) et (8) est inconsistante au sens des fonctions de vérité.

La conjonction des schémas (1), (2) et (3) mise sous forme prénexe, on aurait :

$$(x)(y)(z)(\sim Fx \cdot Gy \cdot (Fz \vee \sim Gz)) \quad \text{(1), (2) et (3)}$$
$$(\sim Fw \cdot Gw \cdot (Fw \vee \sim Gw)) \quad \text{par 3 IU successives}$$
$$\sim Fw \cdot Gw \cdot Fw \quad \text{§ 21(5)}$$

2. On ne peut pas procéder ainsi :

(1) $(x)(Fx \cdot Gx)$

(2) $\sim((x)Fx \vee \sim(x)Gx)$

(3) $\sim(x)Fx \cdot (x)Gx$ (2), § 21(14)

(4) $(\exists x)\sim Fx \cdot (x)Gx$ (3), § 44(6)

(5) $\sim Fw \cdot (x)Gx$ (4), inst. exist. IE ?

car (5) *n'est pas* une instantiation de (4), l'opérateur terminal de (4) étant une conjonction, et (4) n'est pas non plus une quantification existentielle de (5) relativement à 'x'. On passe en forme prénexe : la conjonction de (1) et de (2) devient '$(\exists x)(y)(Fy \cdot Gy \cdot \sim Fx)$', d'où par IE puis IU, '$Fu \cdot Gu \cdot \sim Fu$', qui est inconsistant.

3. En forme prénexe :

(1) $(\exists z)(x)(y)(\sim Fxxz \cdot Fxyz)$

(2) $(x)(y)(\sim Fxxw \cdot Fxyw)$ (1), IE

1. [[IU désigne l'instantiation universelle; IE l'instantiation existentielle.]]

(3) $(y)(\sim Fwww \cdot Fwyw)$ (2), IU
(4) $(\sim Fwww \cdot Fwww)$ (3), IU

4. On démontre une double implication : a) '$(x)(Fx \cdot Gx)$' implique '$(x)Fx \cdot (x)Gx$', *i.e.* '$(x)(Fx \cdot Gx)$' est inconsistant avec '$\sim((x)Fx \cdot (x)Gx)$', schéma équivalent par § 21(13) à '$\sim(x)Fx \vee \sim(x)Gx$', dont une forme prénexe est (2) ci-dessous (moyennant § 44(6), (1) et (4)).

(1) $(x)(Fx \cdot Gx)$
(2) $(\exists x)(\exists y)(\sim Fx \vee \sim Gy)$
(3) $(\exists y)(\sim Fu \vee \sim Gy)$ (2), IE
(4) $(\sim Fu \vee \sim Gv)$ (3), IE
(5) $(Fu \cdot Gu)$ (1), IU
(6) $(Fv \cdot Gv)$ (1), IU

La conjonction de (4), (5) et (6) est inconsistante au sens des fonctions de vérité.

b) Implication en sens inverse. L'antécédent a pour forme prénexe '$(x)(y)(Fx \cdot Gy)$', d'après § 44(2), (7). On obtient :

(1) $(x)(y)(Fx \cdot Gy)$
(2) $\sim(x)(Fx \cdot Gx)$
(3) $(\exists x)(\sim Fx \vee \sim Gx)$ § 44(6), § 21(14)
(4) $\sim Fw \vee \sim Gw$ (3), IE
(5) $(y)(Fw \cdot Gy)$ (1), IU
(6) $Fw \cdot Gw$ (5), IU

La conjonction de (4) et de (6) est inconsistante.

5. a) Pour l'implication du second schéma par le premier, la conjonction du premier avec la négation du second étant mise en forme prénexe :

(1) $(\exists x)(y)(z)((Fx \vee Gx) \cdot \sim Fy \cdot \sim Gz)$
(2) $(y)(z)((Fv \vee Gv) \cdot \sim Fy \cdot \sim Gz)$ (1), IE
(3) $(z)((Fv \vee Gv) \cdot \sim Fv \cdot \sim Gz)$ (2), IU
(4) $(Fv \vee Gv) \cdot \sim Fv \cdot \sim Gv$ (3), IU

Ce dernier schéma est inconsistant.

b) Pour l'implication inverse :

(1) $(\exists x)(\exists y)(z)((Fx \vee Gy) . \sim Fz . \sim Gz)$
(2) $(\exists y)(z)((Fv \vee Gy) . \sim Fz . \sim Gz)$ (1), IE
(3) $(z)((Fv \vee Gw) . \sim Fz . \sim Gz)$ (2), IE
(4) $(Fv \vee Gw) . \sim Fv . \sim Gv$ (3), IU
(5) $(Fv \vee Gw) . \sim Fw . \sim Gw$ (3), IU

La conjonction de (4) et de (5) est inconsistante.

6. (Réponse seulement) : '$(x)Fx \vee (x)Gx$' implique '$(x)(Fx \vee Gx)$', et '$(\exists x)(Fx . Gx)$' implique '$(\exists x)Fx . (\exists x)Gx$'. Il n'y a pas implication dans l'autre sens : il est facile de trouver des instances correspondantes de ces schémas qui ne s'accordent pas en valeur de vérité, par exemple :

$$(\exists x)(x + 3 = 5) . (\exists x)(x + 2 = 10),$$
$$(\exists x)(x + 3 = 5 . x + 2 = 10).$$

§ 46. 1.

(1) $(x) \sim (Vx . \sim Ax)$
(2) $(\exists x)(y)(Vx . Cx . (\sim Cy \vee \sim Ay))$ nég. de la concl.
(3) $(y)(Vw . Cw . (\sim Cy \vee \sim Ay))$ (2), IE
(4) $Vw . Cw . (\sim Cw \vee \sim Aw)$ (3), IU
(5) $\sim (Vw . \sim Aw)$ (1), UI

Remplaçons les schémas atomiques de la conjonction de (4) et de (5) par des lettres de proposition ; nous obtenons successivement :

$$p . q . (\sim q \vee \sim r) . \sim (p . \sim r)$$
$$pq\overline{r}\overline{p} \vee pq\overline{r}r$$

Les autres exercices de ce § se traitent d'une manière analogue.

Pour la troisième implication proposée, nous aurions :

(1) $(x)(\sim Mx \vee \sim Px)$
(2) $(\exists x)(Mx . Hx . Px)$ nég. de la concl.
(3) $(x)(\exists y)((\sim Mx \vee \sim Px) . (My . Hy . Py))$ conj. de (1) et de (2)
(4) $(\exists y)((\sim Mw \vee \sim Pw) . (My . Hy . Py))$ (3), IU
(5) $(\sim Mw \vee \sim Pw) . (Mv . Hv . Pv)$ (4), IE

(6) $(\exists y)((\sim Mv \vee \sim Pv) . (My . Hy . Py))$ (3), IU

(7) $(\sim Mv \vee \sim Pv) . (Mu . Hu . Pu)$ (6), IE

Nous obtenons à partir de la conjonction de (5) et de (7) :

$$(\bar{p} \vee \bar{q}) \, rst . (\bar{r} \vee \bar{t}) \, uvw$$

$$(\bar{p} \, rst \vee \bar{q} \, rst) . (\bar{r} uvw \vee \bar{t} \, uvw)$$

qui est inconsistant, car 't' et 'r' doivent avoir la valeur '$\top$' pour que la première parenthèse soit vraie, et 't' ou 'r' (au moins l'un) doit avoir la valeur de '$\bot$' pour que la seconde parenthèse soit vraie.

2. (*Cf.* l'exemple exactement analogue de De Morgan (XIXe siècle) : 'Tout homme est un animal. Donc toute tête d'homme est une tête d'animal'). On a :

(1) $(x) \sim (Cx . \sim Fx)$ prémisse

(2) $\sim (x) \sim ((\exists y)(Cy . Txy) . \sim (\exists y)(Fy . Txy))$ négation de la
                                                        conclusion

(3) $(\exists x)((\exists y)(Cy . Txy) . \sim (\exists y)(Fy . Txy))$ (2), § 44(6)

(4) $(\exists x)((\exists y)(Cy . Txy) . (z) \sim (Fz . Txz))$ (3), § 44(2), (5)

(5) $(\exists x)(\exists y)(z)(Cy . Txy . \sim (Fz . Txz))$ (4), § 44(3), (7)

(6) $(\exists y)(z)(Cy . Tuy . \sim (Fz . Tuz))$ (5), IE

(7) $(z)(Cv . Tuv . \sim (Fz . Tuz))$ (6), IE

(8) $(Cv . Tuv . \sim (Fv . Tuv))$ (7), IU

(9) $\sim (Cv . \sim Fv)$ (1), IU

Compte tenu de § 21(13), (8) se simplifie selon § 21 (5) en '$Cv . Tuv . \sim Fv$', qui est inconsistant avec (9).

3. Les prémisses peuvent se transformer en :

(1) $(x)(y) \sim (Ix . Awyx . \sim Rx)$

(2) $(\exists x)(\exists z)(Fz . Awzx . Ix . Bx)$

et la conclusion proposée est '$(\exists x)(Rx . Bx)$'. La variable d'instantiation pour IE doit toujours être choisie neuve, ce qui exclut 'w'. On a :

(3) $(x)(\sim Rx \vee \sim Bx)$ négation de la conclusion

(4) $(\exists z)(Fz . Awzu . Iu . Bu)$ (2), IE

(5) $Fz . Awzu . Iu . Bu$ (4), IE

(6) $(y) \sim (Iu \cdot Awyu \cdot \sim Ru)$ (1), IU
(7) $\sim (Iu \cdot Awzu \cdot \sim Ru)$ (6), IU
(8) $\sim Iu \lor \sim Awzu \lor Ru$ (7), § 21(13), § 16(4)
(9) $\sim Ru \lor \sim Bu$ (3), IU

La conjonction de (5), (8) et (9) est inconsistante.

4. Pour traiter 4, on peut préfixer un quanteur '(w)' à (1) du précédent *exercice* 3 en ajoutant '$Ew \cdot$ ' dans la conjonction de (1), et préfixer '$(\exists w)$' à (2) en ajoutant '$Ew \cdot Tw \cdot$ ' dans la conjonction de (2). *Cf.* § 36. ('Ew' paraphrase 'w est anglais'). La démonstration est analogue à celle de 3, avec une IE et une IU en plus :

(1) $(w)(x)(y) \sim (Ew \cdot Ix \cdot Awyx \cdot \sim Rx)$
(2) $(\exists w)(\exists x)(\exists z)(Ew \cdot Tw \cdot Fz \cdot Awzx \cdot Ix \cdot Bx)$ etc.

Noter que dans l'*exercice* 3 on n'avait pas besoin de faire apparaître une variable pour désigner 'Hector' (*cf.* § 47, alinéa 2). Avec 'Ayx' pour 'Hector achète y à x', on aurait pu traduire les prémisses comme suit :

(1) $\sim (\exists x)(Ix \cdot (\exists y)Ayx \cdot \sim Rx)$
(2) $(\exists x)(\exists z)(Fz \cdot Azx \cdot Ix \cdot Bx)$.

Pour l'*exercice* 4, un schéma de prédicats à trois places est indispensable.

5. On peut transformer les prémisses en :

(1) $\sim (\exists x)(\exists y)(Mx \cdot Eyx \cdot \sim Pyx)$
(2) $\sim (\exists x)(\exists y)(Ay \cdot Mx \cdot Dx \cdot Pyx)$

et la négation de la conclusion en :

(3) $(\exists x)(\exists y)(Ay \cdot Mx \cdot Dx \cdot Eyx)$,

sur la base des abréviations suivantes : 'Mx' pour 'x est un moment', 'Exy' pour 'x entre par le portail au moment y', 'Pxy' pour 'le portier voit x en y', 'Dx' pour 'x est antérieur à la semaine dernière', et 'Ax' pour 'x est un des accusés'.

D'après § 44(5), (1) et (2) équivalent à :

(1') $(x)(y) \sim (Mx \cdot Eyx \cdot \sim Pyx)$
(2') $(x)(y) \sim (Ay \cdot Mx \cdot Dx \cdot Pyx)$.

On obtient les instantiations en biffant les quanteurs dans (3), puis dans (1') et (2').

§ 47. 1.

(1)	Sz	§ 47(1)
(2)	$(x) \sim (Ax \,.\, \sim x = z)$	§ 47(5)
(3)	$(\exists x)(Ax \,.\, \sim Sx)$	§ 47(6)
(4)	$Aw \,.\, \sim Sw$	(3), IE
(5)	$\sim (Aw \,.\, \sim w = z)$	(2), IU
(6)	$(x)(y) \sim (x = y \,.\, Sx \,.\, \sim Sy)$	Ax. de '=' pour 'S'
(7)	$(y) \sim (z = y \,.\, Sz \,.\, \sim Sy)$	(6), IU
(8)	$\sim (z = w \,.\, Sz \,.\, \sim Sw)$	(7), IU

La conjonction de (1) et des instantiations (4), (5) et (8) s'écrit :

$$Sz \,.\, (Aw \,.\, \sim Sw) \,.\, (\sim Aw \vee w = z) \,.\, (\sim w = z \vee \sim Sz \vee Sw)$$
$$pq\bar{r} \,.\, (\bar{q} \vee s) \,.\, (\bar{s} \vee \bar{p} \vee r)$$
$$pq\bar{r}s \,.\, (\bar{s} \vee \bar{p} \vee r)$$
$$r\bar{r}$$

2.

(1)	$Iz \,.\, Hz$	⎫ prémisses
(2)	$\sim (\exists x)(Ix \,.\, Hx \,.\, \sim x = z)$	⎬ de description
(3)	Rz	⎫ autres
(4)	$(x) \sim (Rx \,.\, \sim Mx)$	⎬ prémisses
(5)	$(x)(\sim Ix \vee \sim Mx)$	nég. de la concl.
(6)	$\sim (Rz \,.\, \sim Mz)$	(4), IU
(7)	$\sim Iz \vee \sim Mz$	(5), IU

La conjonction de (1), (3), (6) et (7) est inconsistante. (2) ne sert pas dans le présent cas.

3. Les prémisses peuvent s'écrire 'Ezw', '$(x) \sim Exx$' et '$z = w$' est la négation de la conclusion. On en obtient '$Ezw \,.\, \sim Eww \,.\, z = w$'. De l'axiome donné de l'égalité pour 'E' on tire par instantiation universelle '$\sim (z = w \,.\, Ezw \,.\, \sim Eww)$'. La conjonction de ces deux schémas est inconsistante.

INDEX

TABLE DES MATIÈRES

III – LA QUANTIFICATION

IV – L'INFÉRENCE EN THÉORIE DE LA QUANTIFICATION

Imprimerie de la Manutention à Mayenne (France) – Août 2006 – N° 201-06
Dépôt légal : 3e trimestre 2006